THE RURAL COLLECTIVE PROPERTY
RIGHTS INSTITUTIONAL'S PROCESS ANALYSIS AND
DEVELOPMENT PATH'S STUDY
—BASED ON BEIJING'S CASE

农村集体产权制度的创新过程解析与发展路径研究
——以北京市为例

郭　强◎著

经济管理出版社
ECONOMY & MANAGEMENT PUBLISHING HOUSE

图书在版编目（CIP）数据

农村集体产权制度的创新过程解析与发展路径研究——以北京市为例/郭强著. —北京：经济管理出版社，2018. 5
ISBN 978-7-5096-5757-7

Ⅰ. ①农… Ⅱ. ①郭… Ⅲ. ①农村—集体财产—产权制度—研究—北京
Ⅳ. ①F321.32

中国版本图书馆 CIP 数据核字（2018）第 082726 号

组稿编辑：陈　力
责任编辑：杨国强　张瑞军
责任印制：黄章平
责任校对：王淑卿

出版发行：经济管理出版社
（北京市海淀区北蜂窝 8 号中雅大厦 A 座 11 层　100038）
网　　址：www. E-mp. com. cn
电　　话：（010）51915602
印　　刷：北京玺诚印务有限公司
经　　销：新华书店
开　　本：720mm×1000mm/16
印　　张：16.25
字　　数：176 千字
版　　次：2018 年 6 月第 1 版　　2018 年 6 月第 1 次印刷
书　　号：ISBN 978-7-5096-5757-7
定　　价：52.00 元

前　言

农村集体产权制度创新是深化农村改革的重要内容，是实现新型城镇化战略的关键步骤。随着我国城乡一体化的推进，无论是制度变革的内生需求推动，还是宏观上的政策设计，农村集体产权制度创新与调整已成为一个无法回避的现实，加强对这个问题的研究紧迫而必然。在这一背景下，本书从制度经济学的前沿理论出发，对农村集体产权制度的创新过程进行系统而理论的研究，构建一个城市化背景下农村集体产权制度创新的理论体系。

基于上述考虑，本书主要研究以下五个问题：什么因素激励了行为人（政府、集体、个人）去推动农村集体产权制度创新？这种产权制度的变迁是如何进行的？哪些因素会影响到农村集体产权制度创新的进程？农村集体产权制度创新的经济社会绩效如何？农村集体产权制度的创新发展方向？围绕这五个问题，本书从农村集体产权制度创新的动因、改革进程、影响因素、绩效评价和路径选择这五个方面开展研究。

研究中，本书构建了原因假说、过程假说、影响因素假说、绩效假说四个理论假说，运用北京市农村集体产权制度创新的调研数据与典型案例，借助系统 GMM 分析、博弈模型分析、多元 Logit 计量分析、面板数据拟合分析等分析方法验证这些理论假说的合理性与科学性，以在此研究基础上形成一个农村集体产权制度创新的逻辑框架。

通过研究，本书得出以下基本结论：

（1）中国农村集体产权制度经历了构建、强化、变革、创新四个阶段，国家与农户在相关权力配置中的博弈是构建各阶段农村集体产权制度的基础。

（2）要素相对价格变动是农村集体产权制度创新的原动力。土地、劳动力要素相对价格的变动与当前农村集体产权制度创新的推进速度正相关。

（3）农村集体产权制度创新是政府与不同类别集体成员动态博弈均衡的实现过程。当前农村集体产权制度创新的博弈焦点已由之前的政府与农户间博弈占主导，转变为不同类别集体成员间的博弈占主导。在这个过程中，集体成员的个人行为决策能力、改革的呼声与政府推进集体产权制度创新的意愿成正比，行为主体的一致性支持是农村集体产权制度创新的实现前提。

（4）农村集体产权制度创新中，农户的收入水平、土地承包制度、村务公开以及改革程序公正透明会影响到农户对农村集体产权制度创新的满意度。

（5）农村集体产权制度创新有助于区域经济的发展、农民收入增加和城市化推进，其对农民收入增长的影响直接且显著，对区域经济发展和城市化率提高的影响是间接的。

（6）农村集体产权制度创新边界受到由市场与经济环境、社会政治环境、要素禀赋环境构成的制度环境的限制，不同的农村面临着不同的制度环境，对应着不同的制度创新路径。

目 录

第一章 绪论

农村集体产权制度创新是深化农村改革的重要内容，是实现新型城镇化的关键步骤。本书将农村集体产权制度创新作为研究内容，期望通过对农村集体产权制度的演进解析，分析农村集体产权制度创新的动因、过程和绩效，探索农村集体产权制度创新发展方向。本章作为开篇之论，主要探讨三个问题：一是为什么要研究这个主题？通过分析研究背景与研究意义，引出农村集体产权制度创新这一研究问题。二是本书的研究范围与边界是什么？主要介绍本书研究的重点内容，理清本书的研究边界。三是如何开展研究？阐述本书的研究思路、研究框架与方法，提出本书的研究技术路线。

第一节 问题的提出

走新型城镇化道路，推进城乡一体化是未来中国经济社会发展的主线，实践表明，农村集体产权制度创新是实现这一目标的重要着力点。无论是制度变革的内生需求推动，还是宏观上的政策设计，农村集体产权制度创新已成为一个无法回避的现实，加强对这个问题的研究紧迫而必然。

一、研究问题的提出

统筹城乡经济社会发展，推动城乡一体化是促进社会和谐发展、全面建设小康社会、实现中华民族伟大复兴中国梦的重要战略举措。党的十八大把促进“四化同步”、推动城乡一体化、建立新型工农城乡关系作为未来“三农”工作的指导思想与改革方向。十八届三中全会时，在落实十八大战略部署的深化农村改革中，明确提出要“健全城乡发展一体化体制机制”，并制定了具体的任务部署。2004~2014 年连续的十个中央一号文件中，均从不同角度强调城乡一体化发展。中央聚焦城乡一体化，相关各项工作以此为导向，那么推动城乡一体化将成为未来中国经济社会发展的一条主线。

根本上讲，城乡一体化就是要打破城乡二元结构，改变城乡二元基础制度，实现资源在城乡间的自由平等流动，消除经济发展中的城市偏好及城乡经济发展的不平等，通过农村体制创新，给予农村均等的发展机会，促进农村经济发展。因此，农村制度创新，特别是市场经济导向的产权制度变革是推进城乡一体化的核心内容。在政策执行中，中央在推进城乡一体化的战略部署中一直将农村集体产权制度创新作为一项主要的任务。十八届三中全会的农村改革决议直指农村产权制度改革，明确指出“要完善产权保护制度，健全现代产权制度，赋予农民更多财产权利，积极发展农民股份合作，建立农村产权流转交易市场，推进城乡要素平等交换和公共资源均衡配置”。2013年的中央一号文件在强调城乡发展一体化是解决“三农”问题根本途径的基础上，把农村集体产权制度改革作为推动城乡一体化的重要工作抓手。2014年中央一号文件明确将农地所有权、承包权、经营权“三权分立”提上农村土地制度和产权法治建设层面，成为农村集体产权制度创新的核心切入点。在改革实践中，中国农村改革的实践表明，农村集体产权制度只有不断调整、变革，才能促进农村经济制度的创新、农村社会的发展。两个极端的例证是：人民公社建立起的高度集中的农村产权制度束缚了农村经济社会的发展，导致了严重的城乡分离与国民经济衰退。改革开放建立的家庭联产承包责任制带动了中国经济的飞速发展，为农村经济的发展创造了平等的市场竞争机会，保障农村经济的快速发展，才能从根本上推进城乡经济的协调并进，为城乡一体化奠定基础。从这个角度讲，通过产权制度调整，推进农村集体产权制度创新是促进农村经济发展、打破城乡分离、实现城乡一体化的关键。

城市与农村由统一到分离，再由分离到一体是人类文明发展的一般规律。未来，城市与农村将统一，城乡一体化将成为中国社会的主线。现阶段通过农村集体产权制度创新推进农村经济社会的发展，进而实现城乡统筹、城乡一体化将是一个关键步骤。

（1）农村集体产权制度的变迁研究有助于把握其未来的改革发展方向。随着城市化、工业化、农业现代化的推进，通过对农村集体产权制度的变革，调整农村的生产关系使之适应农村生产的发展需要将变得越来越紧迫。通过对农村集体产权制度历史变革的研究，探寻这种制度变革后的内在规律及其演进路径，有助于实现对农村制度变迁发展方向的预测与把握。通过分析根据不同农村地区、不同时期的经济社会发展现状，对其农村集体产权制度安排进行评价，有利于分析其未来制度变革的需求，为其设计最优的制度变迁路径和制度安排，实现农村经济社会发展的帕累托最优。

（2）对农村集体产权制度的研究具有较强的政策实践效用。对于集体产权制度改革的研究属于实证研究的一个热点，除了理论学术界对其深入研究外，政府部门、社会组织也从不同的方面对其开展研究，如能实现研究的创新突破，将具有重要的政策应用价值。随着我国城乡一体化的推进，对农村集体产权制度创新的呼声此起彼伏，无论是制度变革的内生需求推动还是宏观上的体制顶层设计，农村集体产权制度改革已成为一个无法回避的现实，加强对这个问题的研究有很强的时代紧迫性。

基于上述认识，本书将农村集体产权制度创新作为研究内容，对我国的农村集体产权制度进行全面的制度剖析，从理论层面规范地探索农村集体产权制度变迁的动因、过程与绩效，探讨在农村集体产权制度变革中，农户和集体组织的关系如何变化，他们的这种博弈关系对集体产权制度的变革产生了怎样的影响，并通过构建农村集体产权制度创新的制度环境约束框架，探讨未来农村集体产权制度的创新发展方向。

二、研究背景

中华人民共和国成立以来，农村经济制度发生了巨大的变迁，既打上了深刻的时代烙印，又紧贴社会发展脉搏与时俱进。透过这种制度的变迁，我们发现农村集体产权制度创新一直贯穿其中。正是农村集体产权制度的不断调整、变革，才促进了农村经济制度的创新、农村社会的发展。特别是1978年的农村体制改革，确立了家庭联产承包责任制的双层经营体制，极大地解放了生产力，带来了农村经济的快速发展，实现了农村生产关系的调整，取得了举世瞩目的成就。但受传统体制与意识的束缚，农村集体产权制度的演进又存在着一定的滞后与不规范，一定程度上只是原有不完善的产权制度上的小修小补，制度创新并未触及核心问题。农村家庭联产承包责任制建立在村集体产权“非排他性”的村（组）、户两级产权结构上，这并没有对人民公社时期遗留的“三级所有”产权制度安排的弊端进行根治。

农村集体产权不清晰的历史遗留问题随着农村工业化、城市化和现代化的发展而不断放大，特别是一些经济较发达的农村，村集体资产流失、村庄治理混乱、干群纠纷严重等已制约了农村经济社会的稳定发展。为了突破这种障碍，从20世纪80年代中期开始，一些地方对新一轮的集体产权制度创新进行了探索与尝试，特别是东南沿海地区经济较发达的省份借鉴合作化时期初级社的制度安排及股份制改革的经验进行了集体产权制度改革，取得了良好的成效。广东南海从1993年上半年开始，通过创新农村土地产权，推行农村土地股份合作制，极大地促进了当地农村经济的发展，引起其他地区的效仿。

进入21世纪后，城市化进程提速，全国各地纷纷进行“撤县建区”“撤村建居”和“城中村”改造，这个过程中，出现了“征地补偿”“资产平调”“村民身份转变”等一系列的问题与矛盾，而这些无一不与村集体经济组织、集体产权有关，对集体产权制度进行深层改革的呼声甚嚣尘上。这个背景下，首先，政府通过顶层设计，进行有步骤的改革，逐步推动农村经济制度的创新。从 2005 年开始，我国农村经济社会出现了一系列重要改革：取消农业税的农村税费体制改革、农村社会保障体制改革，以及农村集体经济股份合作制、农民专业合作社和土地股份合作社的农村三大合作改造，而作为合作改造的重点，农村股份合作改造被认为是农村家庭联产承包责任制和乡村集体企业产权制度改革后的农村经济体制改革的第三次重大突破。2010 年中央一号文件首次提出了“鼓励有条件的地方开展农村集体产权制度改革试点”，更彰显了中央进行集体产权制度改革的决心。其次，基层政府、群众也在以前集体产权制度改革探索的基础上结合时代发展新形势，努力探索适合本地发展需要的集体产权制度改革形式，通过产权制度的优化调整，调整生产关系，在维护好村集体资产的基础上推动地区经济发展。2002 年开始的苏州农村股份合作制改革，2003 年北京昌平开展的集体产权制度改单，以及宁波农村股份合作模式等是这一时期的典型代表。21 世纪前十年掀起了农村集体产权制度创新的新浪潮，而农村股份合作制改革是这一时期改革的最重要形式。

当前的改革实践也展示了农村集体产权制度创新强大的政策效用。首先，对集体产权制度改革有助于打破城乡分离的户籍制度。长期以来，中国的户籍制度制约了农民与市民身份的转变，使得我国在工业化快速发展中，劳动力结构不匹配。近些年出现的“农民工”权益问题很大程度上是受传统的户籍制度影响。通过农村集体产权制度创新，将模糊的农民产权清晰，农民可以更加轻松自如地进城，为打破、取消农村户籍制度奠定基础。其次，农村集体产权制度创新有助于推动我国的城市化、城镇化发展。对于我国目前的城市化水平有很多的争议，但我国城市化水平与国外相比仍有较大的差距却是一个事实。通过农村集体产权制度创新，明晰农村各项资源的产权归属，保障农民的合法权益，为农村资源参与市场竞争创造了条件。集体产权改革后，“农民带着财产进城”,“农民”由身份向职业转变才能构建起一种稳定的城市化状态。最后，集体产权制度创新促进了现代农业的发展。通过农村集体产权制度创新，可以提高农业生产的规模，改变农业生产细碎化的现状。通过专业化生产可以提高农业生产的技术水平，提高农业应对市场风险的能力，为提高农业产出效率提供保障。

从未来“三农”发展的角度看，农村集体产权制度创新仍将持续推进，并在实施新型城镇化的道路上发挥关键作用。这主要基于三个方面考虑：

首先，未来一段时期，中国的城市化进程仍将快速推进，大量的农村会被不断地吸纳到城市中，而农村中小城镇的发展，也会将一部分农村推到城市的边缘。大量的农村人口会不断地涌入城市、城镇中，而不明晰的农村集体资产的产权性质，会使得农民在城市化进程中的权益受损。必须对农村集体产权制度创新，明晰集体资产的产权属性，让农民分享到城市化的成果，保障农民的合法权益。

其次，未来农业的发展将走现代农业之路，要求农业生产的专业化、规模化、技术化，而这些在传统集体产权制度下是难以实现的。产权明晰后，一定程度上放松了农民与土地的束缚，既可以让农民选择更有效率的工作，也为从外部引入先进生产要素创造了条件。

最后，农村集体产权制度创新也是经济体制改革的重要方向之一。通过农村集体产权制度创新，明晰了产权，强化了集体经济的市场经济地位，有助于集体经济的权责利相统一，也为农村集体经济组织最终走现代企业经营之路创造了条件。

从这三个角度看，未来农村集体产权制度创新仍将持续，加强对农村集体产权制度创新的研究显得尤为重要。

第二节　研究意义

农村集体产权制度创新的研究具有重要的意义。从理论上讲，在制度经济学的研究框架下分析中国特有的集体产权制度变迁，既是理论创新研究，也是应用实践探讨。从现实意义上讲，农村集体产权制度创新作为当前政府、社会关注的热点，对这一问题的实证研究，具有重要的政策应用价值，也有利于促进农村经济社会和谐发展。

一、理论意义

首先，对于农村集体产权制度创新的研究是当前经济研究的一个热点，但大多数研究都是从政策制定的角度分析这种经济制度的成效、意义以及创新方法，理论研讨的研究较少。本书借助于新制度经济学、产权理论、经济增长理论、计量经济学等理论框架、分析模型，搭建起农村集体产权制度的理论分析框架，借助农村集体产权制度改革的案例进行实证分析，对以后其他地区进行类似的研究建立起一种理论分析引导。

其次，本书针对中国经济改革和体制转型过程中的特点，揭示农村集体产权制度的制度变迁的动因、过程、绩效，丰富与发展了新制度经济学关于制度变迁的理论和产权理论及治理结构理论。此外，本书结合研究需要，对农村集体产权制度进行了概念上的界定，确定了农村集体产权制度的内涵，具有一定的理论意义。

再次，本书的理论分析中，暗含了一个假设（农户与国家的关系在农村集体产权制度改革中产生重要的影响）。基于这个判断，本书将以往的理论分析引向这种分析，以这个分析为切入点，探讨制度变迁的背后是否存在着这种关系。同时，用计量模型分析影响农村集体产权制度改革的影响因素，对以上假设进行验证，希望得出不同行为主体在制度变迁中的行为模式，得出其内含的一般规律，从而为制度创新提供帮助，为政府采取相应的措施提供理论指导。

最后，本书研究中，除对农村集体产权制度这一经济制度进行深入的经济学研究外，还在经济学的分析基础之上，透视其背后的乡村社会运行机制，通过社会学的角度探寻农村集体产权制度改革后的乡村治理问题。这对于社会学的理论既是一个应用实践，也是一种创新。

二、现实意义

首先，对农村集体产权制度创新的制度变迁研究有助于把握未来农村改革发展方向。随着新型城镇化战略的实施，通过农村集体产权制度创新，调整农村的生产关系使之适应农村生产的发展需要变得越来越紧迫。本书基于农村集体产权制度历史变革的研究，尝试探寻这种制度变革后的内在规律及其演进路径，进而实现对农村产权制度变迁发展方向的预测与把握。在这个研究的基础上，我们可以根据不同农村地区、不同时期的经济社会发展现状，对其农村集体产权制度安排进行评价，分析其未来制度变革的需求，为其设计最优的制度变迁路径和制度安排，实现农村经济社会发展的帕累托最优。

其次，对改革背后的农户与政府关系的研究有利于促进农村社会的和谐稳定发展。在市场经济体系建设中，农户与政府之间由于利益的不一致，形成了互相博弈的局面，这既阻碍了农村经济的继续发展，也造成了一些农村社会的不稳定。在这种背景下，通过制度变革可以缓和农户与政府的关系，建立起更加完善的利益分配机制，保障了农村的经济增长社会发展，1978 年的农村土地制度改革促进了中国多年来农村经济飞速发展就是一个例证。本书透过集体产权制度的变革，探讨了农户与政府的关系是如何推动集体产权制度创新，以及集体产权制度变迁又如何创新了农户与政府的关系。这种研究有助于把握农户与政府之间的博弈关系，进而为统筹城乡发展、完善乡村治理机制的政策研究提供重要的支撑，实现农村社会的和谐稳定发展。

再次，本书具有较强的政策实践效用。对于农村集体产权制度创新的研究属于实证研究的一个热点，除了理论学术界对其深入研究外，政府部门、社会组织也从不同的方面对其开展研究，如能实现研究的创新突破，本书的研究将具有重要的政策应用价值。此外，随着我国城乡一体化的推进，农村制度变革的呼声此起彼伏，无论是制度变革的内生需求推动，还是宏观上的体制顶层设计，农村集体产权制度创新已成为一个无法回避的现实，加强对这个课题的研究有很强的时代紧迫性。从这两个角度看，对农村集体产权制度改革进行研究将产生较强的政策实践效用。

最后，对北京市昌平区典型案例的研究对其他农村地区的集体产权改革具有重要的启示。北京市昌平区从 2003 年开始进行集体产权制度改革，截至 2011 年底，全区 97%的农村完成了集体产权制度改革。通过改革，昌平区不仅有效地促进了农民增收，还维护了农村社会的和谐稳定，实现了城乡统筹发展。昌平区农村集体产权制度改革起步早，发展快，对昌平区农村集体产权制度改革进行全面系统的研究，既可以从纵向上对农村集体产权制度改革的不同阶段、发展步骤上进行实证分析，也可以在横向上对不同地区、不同类型的农村集体产权制度改革进行对比分析，将其作为典型案例具有重要的分析价值。此外，从整个昌平区看，既有城市化水平较高的农村，也有正在快速推进城市化的农村，还有发展相对缓慢的山区农村，从发展阶段、发展环境，以及创新实践探索，对北京市其他县区集体产权制度改革具有重要意义，对我国大城市郊区农村集体产权制度改革具有重要的引导，而且对我国其他地区的农村集体产权制度创新发展具有重要的启示。而从另一个层面看，昌平区的集体产权制度改革虽取得了巨大的成效，但还存在着许多问题，通过对这些问题与制约因素的分析，对未来其他地区具有较强的警示作用。

第三节 研究内容

农村集体产权制度是一个较为宏观的概念，本书研究主要侧重于这种制度创新的动因、过程和绩效及其未来创新发展方向，因此研究之前需要对本书的研究范围与研究内容进行界定，保证研究能有的放矢。

一、研究范围的界定

（一）研究概念的界定

农村集体产权制度是本书最核心的一个概念，本书的研究边界也是在这个概念的内涵下确立的。此处结合研究需要对几个核心的、易混淆的概念进行界定①。

（1）集体产权。集体产权可定义为：在一定的社区边界内，一定环境约束下，由集体成员联合组成的决策组织，按一定的制度规范对共有资产配置中形成的各项权利集合。集体产权的一个重要客体是集体资产，两者存在明显差异。集体资产强调

① 此处仅罗列出相关概念的定义，具体的概念界定、概念分析等在第二章中有详细的解释。

有形的资产构成，如土地、流动资金、固定资产等，集体产权是指抽象的产权结构，如所有权、经营权、转让权等。

（2）农村集体产权制度。农村集体产权制度是指农村社会中，由享有集体共有财产产权权利的集体组织或财产所用者，为实现集体财产的有效组合、调节、保护、经营而做出的产权安排、产权规则以及为这种产权关系而设置的一系列准则规范。它包含三方面内容——农村集体产权的产权结构、农村集体产权的组织形式、农村集体产权的制度规范，三者相互依存，缺一不可。以当前的农村集体产权制度创新的典型模式——股份合作制为例：它的产权结构就是集体成员以股份的形式来分享集体产权及由此产生的特有股权结构，它的组织形式就是农村股份合作社，它的制度规范就是股份合作制下的法律规范，如股份合作社管理章程、改革方案和其他一些政策规范。

（3）农村集体产权制度创新。农村集体产权制度创新是指农村集体产权制度由一种制度形式向另一种形式演进、变迁的动态过程，它着重强调制度由不均衡向均衡的转变。实践中，农村集体产权制度创新也被称作农村集体产权制度改革（变革）、农村集体产权制度演进、农村集体产权制度变迁，其所指内容大同小异。

（二）研究对象的界定

农村集体产权制度创新是一个宏观与抽象的概念，具有近60年的发展历史，研究范围广泛。本书结合研究背景，在研究范围上界定了四个研究边界：

首先，本书的研究核心是农村集体产权制度创新，即研究农村集体产权制度的动态演进过程，侧重于分析农村集体产权制度的变革动因、过程和绩效及其未来创新发展方向。对于具体的农村集体产权制度形式、构成、现状等只是作为分析基础与依据，书中不做过多探讨。

其次，本书重点研究当前的农村集体产权制度创新。研究重点关注家庭联产承包制改革后的农村集体产权制度创新，如当前的股份合作制制度创新。对于改革开放前的农村集体产权制度改革，本书主要结合分析需要进行研究，不将其作为本书的核心内容。

再次，考虑到当前农村集体产权制度改革最迫切、发展最快的都是经济较发达、区位优势明显的农村，而经济条件较差的农村可能改革的内生动力不足，因此，本书的研究案例、对比分析更多地借鉴了那些经济较发达、改革意愿较强烈的农村，对其他地区的农村分析相对薄弱。

最后，北京市各区县近些年一直推进农村集体产权制度改革，虽不是起步最早的，但其推广面大、改革力度强、涉及范围广，且北京独特的地理位置使得其各区县表现出不同的经济特征，如有已经通过产权制度改革成为城市社区的原农村地区（石景山区）、包含在城市中心的城中村（朝阳区的部分农村）、正在快速城镇化的城郊区（昌平区部分农村）、城镇化水平还不高的农村地区（远郊区县）以及集体经济发展较好、一般、较差等不同层级的农村，这种多样性的区域特征基本上涵盖了当前国内其他正在进行集体产权制度改革的农村地区，北京市各区县的农村集体产权制度改革具有较强的代表性。因此，本书的实证分析采用了北京市的案例与数据。进一步结合本书的研究重点与内容，对制度创新的宏观规律性的实证，如对制度创新的动因、绩效分析等，文中采用北京各区县的宏观面板数据；而具体的制度创新微观研究，如制度创新的博弈路径、制度创新中的影响因素等将采用典型的案例分析，主要选取了北京市昌平区的案例数据。这主要基于两个方面的考虑：一方面，北京市昌平区从 2003 年开始进行产权制度改革，到 2012 年基本结束，相关的数据、案例较新较完整；另一方面，昌平区的改革模式是北京市农村集体产权制度创新的典型代表，而昌平区作为正在快速城镇化的典型地区，与当前最迫切开展农村集体产权制度改革的其他地区农村的特征最相似，将其作为典型案例具有重要的分析价值。

二、研究内容

第一章，研究背景与研究思路及内容的概述。对本书的意义及背景进行阐述；明确本书的研究边界及研究的重点内容，提出各研究问题的具体研究方法、研究目标，制定本书的技术路线图。

第二章，对国内外的研究做理论综述。对本书中的相关概念进行界定，包括集体产权制度、产权、制度变迁等相关的一些概念；对本书分析的理论基础进行整理研究，特别是新制度经济学、产权理论、经济增长理论、计量经济学等方面的理论研究；对农村集体产权制度的国内外研究做综述，分析当前研究方向与重点，在前人的研究基础上探寻农村集体产权制度的研究框架，为后文进行创新研究提供理论支撑。

第三章，对我国农村集体经济产权制度的历史变迁进行分析。中华人民共和国成立以来，我国农村集体产权制度经历了巨大的变革，有必要从时代背景的转换中对我国农村集体产权制度的发展演变过程进行梳理，归纳描述农村集体产权制度的历史演进轨迹，在此基础上分析中国农村集体产权制度创新的共性特征，并结合当前经济社会形势，分析未来农村集体产权制度创新的必然性。

第四章，从制度经济学的视角出发，对我国的集体产权制度变迁的根源进行制度解析，探寻农村集体产权制度创新的根源与类型。我国的集体产权制度变革虽深刻地打上了时代烙印，但仍有着内生性的特质，并且在近些年的产权制度创新中展现得更加明显。无论是政府强制推动的农村制度变革，还是基层自发进行的制度创新，都存在一个特定的因素诱发这种制度变迁，在这些动因的驱使下，政府、个人开始主动或被动地推动农村集体产权制度的创新。在这个基础上，本章重点探讨这些看似不同的原因是否有着内在的规律与联系，农村集体产权制度变迁中是否暗含了一个基础性、一致性的动力源泉？本章将构建一个原因假说：要素相对价格变动会影响到农村集体产权制度安排的外在潜在收益、制度变迁的成本，当制度变迁的外在潜在收益超过了制度变迁成本时，行为人就会推动农村集体产权制度的变革与创新。同时，在制度变迁中供给——需求理论、交易成本理论的基础上，构建一个要素相对价格变动——制度变迁理论分析框架，对中国农村集体产权制度变迁历史进行实证。通过北京市农村股份合作制改革的面板数据，对该理论假说进行实证检验。此外，本部分还预设一个分析——农户与政府的关系及其相互博弈在推动农村集体产权制度改革中发挥了重要作用，预期通过理论分析发现这个预设的问题，为后文的分析做铺垫。

第五章，对我国农村集体产权制度创新中的制度演进过程进行研究，用农户与政府的博弈行为解释制度创新的过程。前文假设生产要素相对价格的变动，产生了制度创新的需求。在这种制度创新需求的激励下，各方开始就成本—收益进行讨价还价，以实现各自利益最大化，而这种改革的利益博弈是促成制度演进的必由之路。因此，这一章将重点考虑两个问题：一是农村集体产权制度如何进入到一个新的制度路径中，如何用博弈论的视角分析这种演进过程；二是在这种制度博弈中，各方能否都实现效益最大化，哪些因素又会最终影响到制度博弈均衡的实现。本部分主要从社会学的视角重点分析农村股份合作制的制度创新过程，运用北京市昌平区集体产权制度改革的典型案例进行实证研究。

第六章，分析农村集体产权制度创新中的影响因素。农村集体产权制度创新的根本目的在于推进制度由不均衡向均衡转变，而制度均衡的重要标准是行为主体的满意。因此，本章将透过农户满意度的视角，分析农村集体产权制度创新的过程与结果受到哪些因素影响。实证分析借助北京昌平区农村集体产权制度改革的调查数据，从农户满意度的角度探讨影响农户行为意愿的各种可能因素。通过计量分析方法，借助农户调查、乡村政府调查数据资料，采用 Logistic 模型进行分析，并在数量分析的基础上结合调研成果进行实证检验。

第七章，对农村集体产权制度创新进行绩效评价，主要探讨农村集体产权制度变迁中的制度效用。具体地，对比农村集体产权制度创新中的经济、社会效益的变化，分析农村集体产权制度创新可能产生哪些绩效，结合已有的制度绩效分析理论，构建农村集体产权制度创新绩效生成的理论逻辑假设。同时，结合北京市农村集体产权制度创新的经验事实及面板数据，对农村集体产权制度创新的绩效生成假说进行计量验证，以计量分析和案例分析为载体，对农村集体产权制度改革做实证分析。

第八章，结合当前农村集体产权制度改革面临的问题对未来的农村集体产权制度改革进行展望。主要包括三方面内容：第一，分析农村集体产权制度创新的制度环境约束。需要分析农村集体产权制度变迁的制度环境由哪些要素构成，在此基础上归纳农村集体产权制度改革的制度环境类型，分类探讨不同地区农村的制度环境约束。第二，在分析判断未来农村发展大方向的基础上，结合不同地区农村改革面临的制度环境与未来农村集体产权制度改革的方向，按照上文对农村分类，分析不同地区农村集体产权制度的改革路径。第三，对农村集体产权改革中的重点内容（农村股份合作制改革与农村集体建设用地制度创新）的未来创新发展进行探讨。

第九章，对以上的研究结论做总结，从中梳理出一个相对清晰的农村集体产权制度创新的逻辑框架，并结合各章的结论启示，提出农村集体产权制度创新发展的政策建议及发展思路。根据研究成果，对农村集体产权制度创新的理论研究做一简要的发展展望。

第四节 研究特色与创新性

第一，对我国农村集体产权制度的历史变迁从纵向时空发展、横向发展现状和政府推动三个层面进行了梳理，全面地描绘了我国农村集体产权制度的历史沿革，对以往只从某一个角度的分析进行了系统的总结，层次更加清楚，分析更加缜密，既为本书的研究奠定了基础，也为以后的理论研究提供了翔实完整的资料。

第二，提出要素相对价格变动——制度变迁理论假说，将农村要素相对价格变动作为农村集体产权制度创新的重要动力。这种分析突破了以往分析农村制度变革中都强调政府的作用，本书把政府推动和市场诱致两种因素用农村要素相对价格变动结合在一起，揭示了诱致性制度变迁与强制性变迁在农村制度变迁中的共同动因——要素相对价格变动。

第三，在对农村集体产权制度创新的分析中，从制度发展本身探讨这种变迁的机制，提出从农户和集体组织关系这一本源问题的角度去论证农村集体产权制度变迁的创新过程，并尝试从当前农村社会中农户与集体组织的相互关系着手，探讨未来农村集体产权制度的发展方向。

第四，在研究方法上的创新。以往的农村集体产权制度研究中多为政策应用研究，存在只注重宏观研究、轻微观分析的问题。本书在研究方法上进行了改进，一是在制度分析中引入了社会学、计量经济学分析，突破了以往理论与实证联系不紧密的问题，而且这种多学科、多角度的交叉分析，既强化了论文的理论研究深度，又使得分析结构更加严谨规范。二是本书的研究将采用大量的农村集体产权制度创新的案例，尤其计量分析中更是建立在昌平区农村集体产权制度改革调研的翔实数据上。在一个县区的范围内开展数据调研本身就有难度，而调研又涉及农村财务、村庄治理等敏感话题，更增加了调研的难度。因此，本书的实证分析将是富有成效的。而国内通过大规模的农村调研开展集体产权制度研究还是较少的，这也成为本书的一个亮点。

第五节　研究方法与技术路线

一、研究方法

（1）文献研究法。文献研究法是指对前人的相关研究资料进行比较、分析、综合，指出争议和分歧，提炼问题，以便找到研究的坐标和起点。本书的第二章、第八章以及各章的理论假说构建主要应用这种方法。实证分析时，也会借鉴以往的研究方法、理论框架，应用到文献分析法。

（2）案例分析法。案例分析法是本书分析的重要方法。通过昌平区农村股份合作制的典型案例，把这种制度的变迁、现状、面临的问题等直观地展现出来，让人能够直观明了地了解制度这种相对抽象的事物。案例既是对实证结论的验证，也是对创新思路的检验。本书中的案例主要来自实地调研（昌平区），也有少部分是在前人研究基础上的归纳整理，分析中会注明。

（3）田野调查法。田野调查法是研究者深入研究对象所处的场域，研究他们的实然状态。本书的核心章节都是围绕昌平区农村股份合作制的实地调研案例进行分析，对昌平区典型案例的调研主要采用田野调查法。

（4）计量分析法。计量分析法是指利用调查数据或者统计数据，对研究对象及其影响因素之间的关联程度进行实证研究。本书将基本框架建立在实证研究基础之上，应用调查数据与数学模型进行计量分析，主要是在第四章的回归分析和 GMM 分析、第五章的博弈数理分析、第六章的 Logistic 模型分析、第七章的回归分析，其他章节中也会涉及一些数理统计分析。

（5）系统分析法。将拟分析的问题整合到一个系统内，通过整合分析系统面临的问题，确定解决目标、提出解决方案的综合分析法称为系统分析法。由于制度创新涉及经济环境、政治环境、技术水平、人口结构、产权、国家等诸多因素，制度之间又具有关联性和互补性的关系，因此要将制度变迁的诸多要素放在一个理论体系下进行系统的分析，这种分析方法在本书的研究中将发挥重要作用。此外，在系统研究的基础上，本书还涉及一些对比分析，通过比较不同制度的创新轨迹和绩效，揭示制度创新的内在机理和效率。

二、技术路线

综上分析，本书结合研究重点构建如下技术路线图（见图1-1）。在此基础上，分步推进本书研究。

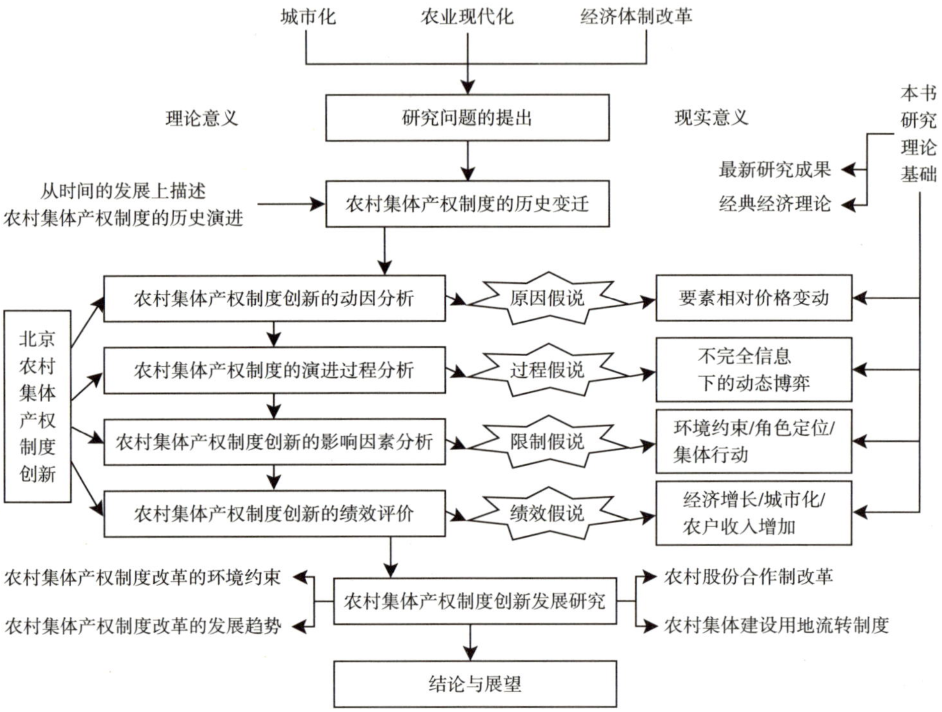

图1-1 本书研究技术路线

第二章

概念界定与文献综述

集体产权是中国特有的一种产权形式，不是一个主流经济学的概念（党国英，1998），在对农村集体产权制度创新的研究中，既要借鉴西方的制度经济学相关理论，又要结合国情对相关理论进行改进与创新。基于此，本章将结合研究内容，对农村集体产权的相关概念做一个界定与梳理，对与农村集体产权制度创新相关的理论进行归纳与综述，并在这些理论研究成果上，构建本书的理论分析框架。

第一节　基本概念界定

本书的研究核心是农村集体产权制度创新，集体产权、农村集体产权制度、农村集体产权制度创新这三个概念的界定、相互关系的区分，对后文的逻辑构建、实证分析、上下行文具有重要的作用与意义。

一、集体产权

集体产权是本书的一个核心概念，本书的研究工作都是在外界界定基础上开展的。相对于国外成熟的“产权”研究,“集体产权”的研究一直徘徊在西方经济学的边缘。即便是在走社会主义道路的中国，集体产权的概念定义也不统一。因此，有必要重点对集体产权的内涵做一界定。

（一）集体产权的研究综述

对于集体产权的定义，理论界并没有形成统一的认识。有的学者借用所有制的概念界定集体产权，认为集体产权一定程度上等同于集体所有制，是一种“社区共同共有的产权”（党国英，1998、2012）；有的学者从产权的形态上认为集体产权是一个特殊的权利束（黄韬，2009；陈天宝，2005；刘金海，2003）；有的学者从西方的产权分类定义集体产权，认为其是一种受限的社团产权（傅晨，2001）；有的学者应用社会学理论分析集体产权，认为集体产权是“基于对经济品权利的相互认可而形成的”（申静、王汉生，2005）一种社会合约，是特定行动关系协调的产物（折晓叶、陈婴婴，2005）。当前研究对集体产权内涵界定的共识在于：成员权是界定集体产权的基本准则；集体产权是一组权利束，可以分解与转化；集体产权既包含人与物的关系，也包括人与人的关系；集体产权是在一定的约束条件下逐步构建起来的。分歧集中于：集体产权与集体所有制、集体所有权的关系；集体产权与共有产权（社团产权、公有产权）的联系。

(二) 集体产权的辨析

集体产权虽然是一个较为抽象的概念，但与其相关的一些概念却普遍存在于相关的研究中，这些名词叫法相近，内容所指却各有不同，此处对三组易混淆的概念进行区别分析。

1. 集体产权与集体所有制、集体所有权

这三个概念分属于三个领域，产权是西方经济学的概念，所有制是马克思经济学的概念，而所有权是法学中一个常用概念，再将其置于中国特定历史条件下形成的较模糊的“集体”之上，导致了这三个概念的混用。

首先，集体产权与集体所有制。集体所有制属于经济制度层次，主要用于宏观分析，集体产权属于经济运行层次，常用于微观层面的经济效率分析。集体所有制反映的是一种阶级关系，意识形态较强，集体产权是“集体”这个微观经济主体中的人与人、人与物的权利关系。但随着西方产权理论与马克思经济理论在中国实践中的交汇，这两者也出现了融合。十六届三中全会上提出了“产权是所有制的核心和主要内容”，集体所有制与集体产权都反映了集体成员对集体财产的关系，因此，可将集体所有制看作是集体产权存在的基础。

其次，集体产权与集体所有权。从权利内涵看，集体所有权是一种普遍意义上的权利，而集体产权是一个权利束，其构成是动态变化的；从适用范围讲，集体所有权在马克思研究中反映生产资料的集体归属，常用于对生产资料私有的对比分析，而集体产权不仅包含了财产的集体所有权，还包括了其他各种权利组合，反映资源的配置效率。从概念外延上看，集体产权的外延远大于集体所有权。但从产权的角度讲，集体所有权是集体产权的基础与核心构成，集体所有权概念的外延是集体产权概念外延的真子集。

最后，集体所有制与集体所有权。所有权强调法律关系，所有制更多体现政治形态。从这个角度理解，两者互不矛盾，是相互依存的。集体所有权反映了集体所有制下的财产占有权利关系。集体所有制决定财产所有权的性质与方式，是所有权实现的制度保证。集体所有权属于经济基础的范畴，集体所有制属于上层建筑范畴。

本书认为，集体产权主要用来分析经济运行中的资源配置及经济效率，对其界定要淡化意识形态的干扰，要将集体所有制仅看作是集体产权存在的经济社会背景，不能将两者混为一谈。对于集体所有权，在集体产权的研究中应该侧重于体现其财产权利占有属性，把它看作是集体产权的重要组成。

2. 集体产权、私有产权、公共产权（共有产权）

集体产权与私人产权、国有产权的区别是明显的，但与公共产权的关系有不同的看法：部分研究者认为集体产权就是一种公共产权（陈天宝，2005；罗必良，2006），都是一个特定共同体对共有财产的对外排他性的分享，集体产权一定程度上是从公共产权过渡而来的（傅晨，2001）。还有的学者认为两者是不同的，如万举（2007）的研究发现，在所处制度环境、产权主体特征、排他性、可能引发的问题、演化方向上，集体产权与公共产权是有显著区别的。刘金海（2003）认为，中国的集体产权既是一个经济概念，又暗含了政治概念与法律概念，这与西方经济理论中的公共产权不同。周其仁（2004）认为，集体产权具有国有产权与共有产权的双重部分性特征。本书认为，集体产权应该是与公共产权类似而不同的一种中国特有的产权形式，它处在私人产权与国有产权两种“极端产权”形式之间。集体产权的政治背景是社会主义公有制（集体所有制是公有制的一种形式），而公共产权是在资本主义私人所有下产生。

3. 集体产权、集体资产

这两个概念较为容易区分，集体产权强调的是产权属性，反映的是抽象的人与人、人与物之间的权利关系，而集体资产则是具象的物体，如农村的土地、固定资产、集体的现金等都包含其中。在分析农村集体产权制度创新中，集体资产是构建集体产权的客体，集体产权结构决定了集体资产的构成、分配、处置等活动。当前农村社会中，经济发达地区农村的集体资产包括集体所有企业、固定资产、现金、股权、土地等，总量巨大；欠发达地区或资源贫瘠的农村地区主要是土地以及一些固定资产，总量较小。

（三）集体产权内涵的界定

基于上述分析，集体产权的内涵应该包含以下几方面的内容：①它存在于一个特定的范围内，一般是以农村社区为界，这是界定成员权的前提；②集体产权的主体是由集体成员联合起来组成的集体决策组织，客体是集体边界内的各种共有财产权利，以及集体资源配置中形成的人与人、人与物的关系；③集体产权是一个权利束，其包含的权利关系随着经济社会环境的变迁是动态变化的；④集体产权的构建与维系需要一定的制度支撑，这既包括国家强制的、正式的制度，也包括非正式的社会规则；⑤集体产权对集体组织外有着显著的排他性，在内部社会合约的制约下，集体成员间的权利关系也具有一定的排他性；⑥集体所有权是集体产权的基础与核心构成，而集体所有权的不可分割性决定了集体成员退出权受到限制。

总结起来，集体产权可定义为：在一定的社区边界内，一定环境约束下，由集体成员联合组成的决策组织，按一定的制度规范对共有的集体资产配置中形成的各项权利集合。

二、农村集体产权制度

（一）组织与制度

本书中多次涉及组织与制度这两个概念，如农村集体经济组织、农村集体产权制度，有必要对这两个概念进行区分。

具体研究中，有的学者认为制度与组织是不同的，两者性质不同，如诺斯强调“制度是社会游戏的规则，组织是社会玩游戏的角色”（诺斯，1971）。布罗姆利则认为“制度是用来界定组织或社会规则的”（布罗姆利，1978）。但也有学者认为两者的区别不大，组织就是制度，组织与制度无非就是一个事物的两种称谓。此外，还有学者从博弈论的角度分析组织与制度，提出组织是博弈的参与者，制度是博弈的规则。

本书认为，组织和制度的区别应该结合问题分析的角度来定，如本书主要涉及农村集体产权制度和农村集体经济组织，当我们分析其内在运行机制时，两者是没有区别的，都是强调行为规则与制度安排。当我们分析制度创新时，更多地把组织看成是制度的一种载体，从更具象的组织形式反映这种变化。当我们分析绩效时，则要把组织与制度区分开，更多地侧重于对制度的宏观绩效分析，而不是对组织的运作进行评价。

（二）农村集体产权制度

农村集体产权制度是指农村社会中，对一定财产享有产权权利的集体组织或集体成员，为实现集体财产的有效组合、调节、保护、经营，做出的产权安排与产权规则以及围绕这种产权关系设置的一系列制度准则。农村集体产权制度包含两方面内容：集体产权制度形式和集体产权组织形式。这两者是相互依存的，农村集体产权的制度形式决定了农村集体产权的组织形式，农村集体产权组织形式与安排又体现了不同时期、不同地区的集体产权制度实现形式。一定意义上讲，农村集体经济组织是农村集体产权制度实现的重要载体。当前我国的农村集体产权制度主要有以下几种形式：农村股份合作制、非农地制度（以农村合作社为代表）、农地股份合作制、农村集体企业股份合作制，对应的集体产权组织形式则是农村股份合作社、农村合作社、农村土地股份合作社、股份公司等。当前最常见的农村集体产权制度创新主要是有条件的农村进行的农村股份合作制改革。

（三）农村股份合作制

农村股份合作制是当前农村集体产权制度创新中最常见的一种制度模式，其也是农村改革研究中的一个热点问题。实证研究中，农村股份合作制分为两类：企业型股份合作制和社区型股份合作制。由原来农村的个体、私营企业、乡镇企业通过引入股份制，建立起股份合作企业，被称为企业型的股份合作制。社区型股份合作制强调的是在原有的集体合作组织基础上，通过将股份制的某些作用机理引入，形成新的股份合作组织，以适应市场经济发展需要。20 世纪 90 年代，企业型股份合作制是股份合作制的主流。近些年，随着乡镇企业的破产、转型以及股份制改革，企业型股份合作制已渐渐偏离了农村股份合作制原有的内涵，脱离了“农村”大概念的束缚，向现代企业的制度转变。社区型股份合作制已成为当前农村股份合作制的主要代表。

本书对农村股份合作制的定义为：以村（组）为单位，将集体经济组织的历年集体资产积累包括土地等经评估核实、折成股份后按照一定的标准量化给个人，农民实行按股分红与按劳分配相结合，原集体经济组织转变为股份合作社，控制权和剩余索取权属于全体股东的一种制度安排。

农村股份合作制的运行载体是股份合作社，其与传统的农业合作社的区别在于：一是农村股份合作社是在以往的农业合作社改革后成立的，产权安排上存在着差异；二是股份合作制下分配是按股与按劳的结合，村民可以在参与合作经济劳动与自由择业之间选择。而农业合作社更强调的是农民的共同劳动，共同分红。

三、农村集体产权制度创新

农村集体产权制度创新是一个动态的概念，指农村集体产权制度在外在刺激（经济利益、意识形态、环境约束）作用下，由一种农村集体产权制度形式向另一种形式演进、变迁的动态过程，它着重强调制度由不均衡向均衡的转变，表现为农村集体产权制度的替代、转变与交换。农村集体产权制度创新也可以理解为“以制度非均衡为起点，通过不同主体的相互影响和作用来实现新的制度均衡的过程”（陈明，2006）。实践中，农村集体产权制度创新也被称作农村集体产权制度改革（变革）、农村集体产权制度演进、农村集体产权制度变迁，其所指内容大同小异。本书中，为上下行文方便，主要采用农村集体产权制度创新这一通用称谓，但具体的实证分析中，部分地方称为农村集体产权制度改革。

第二节　国内外研究现状

农村集体产权制度创新属于制度经济学的研究范畴，将国外相关研究成果以及成熟的理论研究范式应用到中国特色的集体产权制度的研究中，既可以夯实本书的理论基础，有效解释农村集体产权制度演进的进程，又可以开拓农村集体产权制度创新的研究视野，借鉴主流经济学的研究成果探索农村集体产权制度的未来创新发展路径。

一、对产权制度变迁的研究

产权制度变迁理论是由产权理论演化出来的。西方经济学家在产权理论的研究中发现“制度变迁的根本原因是人的经济价值提高，产权制度的演进是对人力资本价值引致的制度新需求的滞后调整”（Schultz，1968），“产权制度的变迁是为了保障外部性内在化的实现”（Demsetz，1967）。在这些研究的推进下，西方经济学开始重视产权制度变迁的理论研究。

在产权制度变迁理论的研究之初，西方经济学家关注于揭示产权制度的动态性与历史性。戴维斯和诺斯（1973）在研究美国经济增长时发现“当一项制度的预期净收益超过预期成本，社会内就会出现改变现有制度和产权结构的企图”。诺斯和托马斯（1973）提出西方世界兴起的根本原因是要素相对价格变动后，经济组织要求产权修正，并有效推动支配产权构建的制度发生变迁，而诺斯在 1981 年修正了这个观点，认为国家权力的介入会影响到产权制度安排的供给。拉坦（1984）则发展了一个诱致性制度变迁模型，认为制度变迁的主体是企业家、官员、政客等创新意识较强的团体或个人，他们在工作、生活中的创新行为可能推动变迁，而这种变迁的直接动力有来自于技术变迁可能带来的新收入流。林毅夫（1989）在总结前人的研究基础上，将产权制度变迁的研究拓展到路径选择及路径依赖上，提出了强制性和诱致性制度变迁理论。这些理论研究构成了产权制度变迁理论的基础。

此后，对产权制度变迁的研究发展到对制度演化的研究上。一方面，研究者关注于正式的、规范的制度变迁。哈耶克（1988）研究发现，个体社会成员之间的互动及特定组织之间的互动会逐步演化出一种特定的可随着市场化扩散的内部规则（秩序），个体与组织之间的互动寻求对规则理解的一致性，这个过程中的冲突与协调是制度变迁的主线。诺斯（1995）认为研究制度演进中时间的效用具有重要意义，因为经济人的行为往往受到之前行为决策的影响。另一方面，理论界对非正式制度的演进也进行了研究。Billig（2000）认为非正式制度是正式制度的型构与变迁的土壤，其是促使经济制度朝着符合人类伦理规范的方向变迁的重要动力。恩斯明格（2002）的研究证明了正式制度与非正式制度是互补的，它们共同推进制度演进。

产权理论中认为，经济增长的关键在于合理而有效的产权制度。国内学者也提出类似的观点“国家保护有效率的产权制度是长期经济增长的关键”（周其仁，2003）。产权对提升经济效率的作用在于：一方面，有效的产权安排可以减少企业间以及企业内的交易，降低交易成本，提高了企业生产率，清晰的产权可以降低企业生产中的监管成本，消除了由于产权不清所导致的外部性，形成有效的产权激励，可以实现生产中的最优；另一方面，清晰的产权安排，可以促进生产资源的流动，实现生产资源的合理配置。产权明晰可降低交易费用，加速资源的合理流动。

国内研究中，随着国内学者将国外成熟的制度经济理论不断引入国内的政策研究中，对产权制度变迁的研究也不断成熟，并提出了一些具有中国特色的产权制度变迁理论。杨瑞龙（1993、1998）根据政府主导制度变迁的特殊国情，发展了“供给主导型制度变迁方式”和“中间扩散型制度变迁”两种制度假说。吴敬琏（1997）提出了既得利益集团的干扰会阻碍新制度的变革，即使新体制更有效。何一鸣（2010）以产权管制放松两大定律（产权管制—公共领域—租金耗散、交易成本—管制放松—制度绩效）作为“内核”，将产权管制放松三大假说（原因假说、过程假说、绩效假说）构建为内核的“保护带”，得到了产权管制放松的理论范式。

除了关注与制度变迁的理论研究，国内学者关注的一个热点是制度变迁的绩效，特别是在农村土地制度变迁上。周其仁（2003）曾指出国家保护有效率的产权制度是长期经济增长的关键。张红宇（2002）则认为农地制度变迁推进了农村资源（土地、劳动力）的市场配置，运用市场机制盘活了农村的生产要素，一定程度上讲，中国近30年的经济持续增长的基础来自于农村改革，来自于农地成功的制度变迁。

二、中国农村集体产权制度的研究

农村集体产权制度是中国特有的一种产权制度形式，其在形成演变中形成了一条特有的历史轨迹。改革开放之后，国内外学者对中国的农村集体产权制度进行了深入的研究。在农村集体产权制度产生的原因的研究中，林毅夫、蔡昉、李周等（1994）认为，农村集体产权制度的建立是由中国的资源禀赋结果决定的，而重工业先导的赶超战略是推动农村集体所有制建立的内在动力。周其仁（1995）认为，集体制度变迁是由国际控制但由集体来承受控制结果的一种特有制度安排。曾宪明（2010）认为，中国三次大的农地制度变迁根本原因在于公平与效率的博弈。洪名勇（2012）通过构造了一个马克思的分析模型认为，农地产权制度变迁应该更重视非正式制度在农地产权制度中的地位，强调国家与政府在制度变迁过程中所发挥的重要作用。此外，从20世纪90年代开始，国内经济学家运用产权理论对中国农村产权制度的变迁进行了研究。林毅夫、周其仁、党国英、张红宇、陈林等（1992）在农村集体产权变迁、农村土地制度变迁等方面取得重要成果。林毅夫对“人民公社”效率以及家庭联产承包责任制改革对经济增长的影响进行了研究。张红宇（2002）对我国农村土地制度变迁的绩效进行了分析，研究了土地制度变迁对农村微观经济组织改造、农业资源要素流动的作用。有的学者比较了中国与中东欧在集体农业解体和土地所有权重建方面的差别，联系具体的政治结构、经济条件解释了差别产生的原因（谭秋成，2001）。晓亮等（1999）研究了集体制与合作制的关系，认为集体所有制是不适应市场经济的，因为市场经济要求的是产权清晰，而集体所有制的产权关系是不清晰的，它必须改革，应该“重建合作制”。

当前，对农村集体产权制度的研究主要集中在土地制度变迁的研究上，对于集体土地产权的构成，一种看法是，周诚（1997）指出，土地的产权由占有权、使用权、收益权和处分权四种权利形式组成，土地产权是一级权利，上述四种权利是二级权利，其他的开发、出售、出租、赠送属三级权利。另一种看法是，中国的土地产权是双重两权分离的，即所有权与承包权、承包权与使用权是分离的。而所有权与承包权的分离是为解决农民的就业、生存和社会福利问题，解决社会公平问题。承包权与使用权的分离是为提高土地使用效率，解决效率问题（邓大才，2000）。在对集体土地产权的效率分析上，董国礼（2000）从“政权内卷化”的概念出发，分析了政权在集体化时期对土地产权的入侵导致的产权悖论，进而导致经济绩效低下。

三、农村制度创新的实证研究

农村制度创新在推进经济社会发展中具有重要的作用，国内外学者从不同的角度对农村制度创新的实践进行了研究。

首先，相关研究对农村制度创新发生的动力机制进行了分析。蔡立雄、何炼成（2007）认为，凡是有广泛制度需求基础的诱致性制度变迁，都能取得好的成绩，而没有需求基础的强制性变迁则成本高昂并最终失败。何一鸣、罗必良（2011）认为，农地制度创新最根本的原因在于寻找交易费用最小化的制度创新路径。万举（2010）认为在影响农地制度变迁的非正式约束中，群体共识起着重要的作用。

其次，学者对农村制度创新中的国家、集体、农户间的关系进行了研究。在这方面研究中，王家范（2003）认为，真正决定农村土地权利归属的是权利地位。杜鹰（2004）认为，地权关系首先是一个界定国家权利的问题，然后才是所有权主体问题，第三才是使用权。绍夏珍（2005）则更进一步指出，与国家、集体以及农户之间在土地利益上的再调整相比，在村庄内部农户之间如何再分配土地使用权利就是更为关键同时也是更困难的事情。而刘金海（2003）的研究直接认为集体产权的形成及演变过程是当代中国社会中国家、集体与农户关系演变的过程。

最后，从传统的制度供需变化中分析农村制度创新。国内学者傅晨（1999）在分析农村社区股份合作制的制度变迁时强调，制度变迁是制度由不均衡向均衡的转变，而推动这种转变的诱因在于现行制度安排无法实现新制度所蕴含的外部利润。当进一步对比制度变迁的预期收益与预期成本发现有利可图时，制度创新自然而生。从本质上，制度创新就是外部利润内部化。如果用传统的供需理论解释（见图 2-1），当制度的供给变化改变了制度变迁的成本时，制度变迁的供给曲线移动，制度选择范围拓展。制度正是在这种供给、需求的变动中，由不均衡到均衡，再由均衡到不均衡，反复地变迁，出现了一条制度变迁的路径。

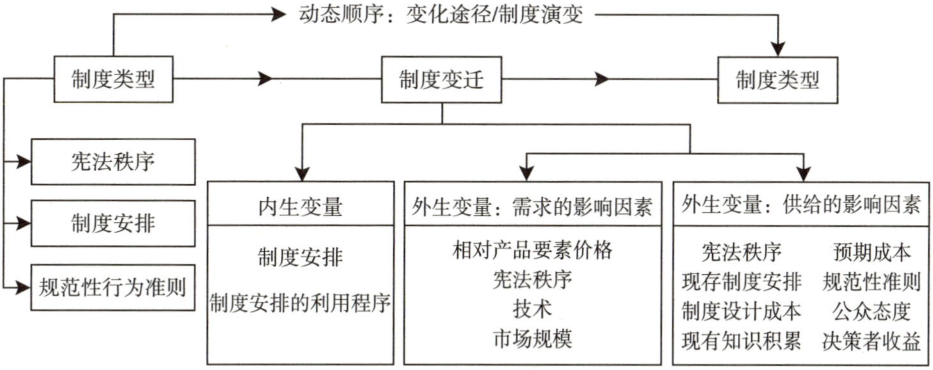

图 2-1　制度的供给——需求分析框架

四、制度变迁中的博弈研究

制度经济学中，除了应用供需平衡研究制度变迁，博弈均衡也是一种常见的分析方法。演化博弈是用博弈论研究动态演化过程的一种理论方法，将其引入到制度变迁的研究中，突破了传统制度变迁研究中只关注静态均衡或比较静态均衡，更多地考虑了制度变迁中的动态均衡，这种研究范式更接近于实践中的制度变迁。最早提出演化博弈思路的是美国经济学家阿尔钦与纳什。阿尔钦（1950）强调“竞争”在制度形成中的作用，他认为社会生存压力会促使行为人选择最有效的经济行为方式，不管社会组织或个人是不是理性的，在优胜劣汰的社会规则下其也会被迫选择有效的制度形式，这会推动制度由不均衡向均衡演化。纳什（1950）则更看重制度演化中的“群体行为”。他们两人的研究被看作是演化博弈理论的雏形。在这个基础上，演化稳定策略（Evolutionary Stable Strategy）的提出构建起演化博弈理论的基础（Smith，1973；Price，1974）。随后，哈耶克（1988）提出了制度演化思想并被模型化为制度博弈论的基本分析模型。威布尔（1995）比较系统、完整地总结了演化博弈理论，这些理论探索推动了演化博弈论在制度变迁研究中的应用。

在制度变迁的实证研究中，演化博弈论也发挥了重要作用。格瑞夫（1994）提出在社会制度变迁的根本原因在于社会组织创新博弈策略而改变或推翻原有的博弈规则。巴苏（1995）认为，社会规则、公民规范的存在与发展依赖于社会自然选择与演进过程；拜斯特和古斯（1998）提出的"人类在经济活动中利他行为的存在性及其演化稳定性"正是基于演化博弈理论的研究；青木昌彦（2001）认为，制度的变迁是一种博弈参与者在博弈中不断修改其信念的心智过程。

国内在制度的演化博弈研究中也取得了一些成果。李军林（2003）在研究中构建了非完全信息动态博弈模型，通过对一个有限经济内部行为主体的一项基本权利的界定与实施过程的研究，发现制度是不同行为人与政府之间的博弈均衡。何一鸣（2008）在分析非正式经济制度创新和正式制度演化的关联关系问题中，运用演化博弈论将这一问题转化为民间网络制度演化策略与地方政府制度创新行为的动态一致性博弈问题，通过岭南模式的实证研究发现这两种制度间是一种相互补充、共同发展而形成的制度相互关联的稳定状态。曹正汉（2010）应用动态博弈模型分析了征地方与被征地方的博弈策略和利益得失，揭示了这种博弈过程中弱者（被征地方）的产权形成机制。江华、杨秀琴（2011）在对农村集体建设用地流转的六个阶段的博弈分析中发现，每一阶段的博弈均衡下，政府与流转主体都能实现最优策略组合，实现纳入均衡。

基于上述认识，可将制度变迁中演化博弈的基本思路归纳为：①现行制度下外部利润凸显，不同利益群体在追逐这种利润时开始博弈；②博弈主体就利益分配规则、制度进行讨价还价，进行反复博弈，且这些有限理性的行为主体不可能在博弈开始时找到最优策略；③博弈中，博弈主体互相模仿、学习、试错寻优，寻找能够得到多方认可的行为策略；④在多次博弈后，各方主体趋向于某个特定的行为策略，最终达成一致性策略，实现了博弈均衡，这一均衡的策略也称为演化稳定策略；⑤这一演化稳定策略被大多数行为人接受，其自我强化的特征保证了其可以抵御其他策略的扰动，并保证了这一策略的稳定实施。

五、对股份合作制的研究

股份合作制是当前农村集体产权制度创新的最典型内容，也是国内外研究人员关注的热点。从相关的研究看，股份合作制具有代表性模式的主要有五种。

一是 1992 年推行的南海模式，即以行政村或村民小组为单位，将集体财产及集体土地折成股份集中起来组建股份合作组织，然后由股份合作组织直接出租土地或修建厂房再出租，村里的农民出资入股，凭股权分享土地非农化的增值收益。

二是上海模式，上海市农村集体土地股份合作制模式的基本运作过程是，农民以土地使用权入股给集体（村小组或村集体），然后由集体再入股到乡（镇）或更高级的特定组织，由这个特定组织运作入股土地并以固定的报酬返还给集体，集体再将所得的收益分配给入股的农民（王小映，2003）。

三是温岭模式，温岭模式首先是通过村资产小组评估，确定农户承包土地的实际面积或集体资产的现行价值，界定股东后设置集体股、个人股、机动股三种股权，召开股东大会或者股东代表大会确定公司的经营管理机构（管敏文、蔡裕亮，2003）。

四是苏州模式，在统一农户思想意识的基础上，设置两种股权：一种是以纯土地入股，土地不作价，由股份合作社将土地对外发包或租赁后同意按份额分配；另一种是将土地作价入股为主，技术资金参股，由股份合作社经营收益按照股份分配。成立“三会”即社员代表大会、董事会、监事会，实行民主决策、民主管理（王建华，2005）。

五是海城市模式，以村为单位，将耕地分为口粮田、经济田、责任田、机动田，其中将责任田和经济田划成股份设置为私股，机动田设置为集体股，由村农业股份公司所有。实行三权分立，土地所有权为村集体经济组织，土地承包权以权证的形式为农业劳动者所有，土地的经营权由农业股份公司转包给种田大户。

在股份合作制运行的成效上，国内学者也进行了深入的研究。以当前农村股份合作制改革为例，一方面，改革使农村集体产权“从残缺走向完备”（傅晨，2001），强化了对生产的激励，“产生经济当事人现行家庭经营制度下无法获取的外部利润”（钱忠好、曲福田，2006）；另一方面，农村股份合作改革实现了“对原农村集体经济组织的组织再造”（孔有利、刘华周，2010），避免了村委会对集体资产管理的“委托—代理困境”（陈剑波，2006），提高了集体资产的经营效率，有助于集体资产的保值增值。农村股份合作制改革在效率提高的基础上达到了公平的社会目标（张笑寒、张瑛，2009），其在化解农村矛盾、促进城乡统筹等方面产生的社会效应也是巨大的。此外，一些学者将问题研究的焦点放在了土地股份合作社上，指出实行土地股份合作制不仅取得了革新产权制度和创新产权制度的成效，还普及公司运作机制和建立初步的社会保障环境，进一步解放了生产力（郑公述，1994；郑观藻、何享业等，1995）。土地股份合作制有利于明晰产权，促进农村土地交易市场完善，股权的分配形式体现了公平原则等；此外，土地股份合作制改革还能提高农业劳动生产率，推动了土地规模经营，有利于土地合理利用与规划（解安，2002）。

虽然股份合作制经过不断的发展完善，在制度创新、提高劳动生产率、完善农村集体经济组织等方面取得了成绩，但也面临各种各样的问题。朱守银等（2002）分析了从内部合约和管理机制完善这种制度安排的措施建议；崔智友（2002）、王小映（2002）等注意到了这种制度安排对农户土地承包经营权可能带来的侵害与剥夺。吴进明（2003）提出强化农民的土地使用权、做好农民耕地的地籍调查和整理、建立和完善农村土地登记制度、改革农村户籍管理制度、坚持农民股份合作自愿互利原则等进一步完善土地股份合作制的建议。

六、农村制度变迁的满意度研究

满意度理论起源于美国，也被称为 CS（Customer Satisfaction）理论，其最核心是通过顾客满意度指数评价企业的经营管理与工作绩效。实践中，主要是通过抽样调查与统计分析，应用计量回归方法开展顾客满意度形成要素的分析，预测改进那些要素可以提高顾客的满意度。国内在满意度的理论与实践研究上起步较晚，现有的研究主要集中在对消费品及服务的满意度测评和对政府公共服务绩效评价两个大的方面。

具体到农村领域满意度的研究，研究内容主要集中在农村基础设施建设、新型合作医疗、农村社会保障、农村公共服务投资、村务公开等方面，侧重于从农民的角度评价相应的农村公共服务的绩效，研究影响农户满意度的关键因素，并以此为切入口探寻提高这些公共服务绩效的办法。从研究方法看，何精华、岳海鹰等（2006）综合世界银行和国际上通行的公共服务满意度测评方法，研究农村公共服务区域满意度差异的原因。青平（2006）提出了反映农村基层干部工作满意度内部结构的 BRFCS 模型。陈俊红、吴敬学等（2007）以“参与式快速评估法”研究了北京市新农村建设中公共产品投资需求的优先序列。孔祥智、涂圣伟（2006）利用 CV 法测度农田水利设施建设中影响农户需求偏好的影响因素。

从满意度理论在农村研究领域的成果上看，相关研究的研究客体主要是有形的商品和服务（公共服务），对制度变迁这种较抽象的社会活动的研究较少。具体到农村集体产权制度创新，相关的研究成果虽然较丰富，但绝大多数是定性描述分析，缺乏微观数据的定量分析，而通过农户满意度的视角对这种制度研究进行研究还处于空白。

第三节 对现有文献的评析

从农村集体产权制度创新的角度审视当前相关的理论研究，发现其表现出四个特征：

第一是农村集体产权制度是中国特有的一种制度形态，这决定了西方的制度经济学中对其的研究较少。但制度经济学中的相关理论仍可以应用到农村集体产权制度的研究中，特别是当前农村集体产权制度的演进朝着市场化的方向发展，制度环境不断向西方经济学家设定的制度假设条件转变，这也拓宽了农村集体产权制度研究的理论基础。

第二是对于制度变迁的研究，主要采用两种方法——供给需求的均衡分析法和博弈均衡分析法。在产权理论提出与发展的初期，经济学家普遍采用制度供给需求的均衡分析法。近些年，随着制度演化理论的发展，对制度变迁的分析越来越多地采用博弈均衡的方法。根本上讲，制度的供需均衡分析追求制度的完全均衡，是一种理想化的状态，在作为理论分析参照中具有重要意义。而博弈均衡分析中一般是局部均衡，且其均衡是一个不断调整变化的状态，这种均衡更贴近于实际。在农村集体产权制度创新中，受意识形态的干扰、行为主体有限理性等因素的影响，制度变迁很难实现完全均衡，而考虑不同决策主体下的博弈均衡更贴近农村制度变迁的实际。

第三是从国内的研究来看，对集体产权、公共产权的研究，更为转型期中国的农村集体产权制度创新实践指明了方向。市场经济发展强调效率优先，但在中国的农村集体产权制度创新中，由于社保体系发展尚不健全，完全倚重于效率可能导致贫富分化、社会冲突等社会问题。20世纪80年代改革中强调“效率优先，兼顾公平”与当时高度压制的生产积极性相符合，但随着经济的发展，注重效率带来的“不公平”问题被不断放大。特别是一些发达地区的农村集体产权下的利益分配已成为乡村冲突的主要来源。因此，在集体产权理论研究中强调产权的变革要更多注重特定范围内的公平问题，从降低转型风险的角度去促进集体产权改革。同时，集体产权创新的方向——建立起产权明晰的私有产权和公共产权。私有产权是增强经济效率有效的形式，但其一方面建立成本较高，特别是其潜在的、导致社会不公平带来的成本可能更高，另一方面社会主义下不可能完全私有化。公共产权是集体产权变动最小的演化形式，具有明显的社会主义特色，但其权益主体的相对虚化仍存在着“公地悲剧问题”。因此对集体产权的改革要两条腿走路，要建立起私有产权和公共产权相结合的产权制度，其中私有产权应是主要形式。在中国市场化改革深入推进的现在，这种对集体产权制度的创新调整显得尤为重要。农村集体产权制度创新是一个缓和持续的过程，私有产权会唤醒人们的市场意识，使市场交易行为更有效率。而公共产权在一定程度上虚化出一个产权主体，通过具体的“社团或组织”，对公共资源进行自主组织和自主治理，其成员间有长期的信息交流、互动协调和自主治理，“社团或组织”通过自主治理达到对公共资源产权的稳定和高效。

第四是界定、明晰产权是农村集体产权制度创新的前提。当前我国着力推进的农村集体产权制度创新，必须改变计划经济时代的强力政府管制、阻碍农村产权主体培育的行为，否则体制改革永远只是小修小补。诺斯曾指出，近现代西方世界崛起的根本原因除了其建立起有效率的经济组织，还在于其构建起对产权有效保护的制度。有效的产权制度是经济增长的核心。从这个角度讲，不对农村产权进行界定，不建立起产权的激励与约束，制度的变革是达不到预期效果的。人民公社时期，为了提高粮食产量，人们无休止地开荒种地、毁林造地、填湖造地，然而这种行为带来的经济效益却是有限的，而其产生的危害却一直延续至今。改革开放之后，沿海地区、城市周边地区的农村经济迅速发展，集体经济实力也不断增强，得益于经济的拉动，土地迅速增值，但农村土地属集体所有。这种不清晰的土地产权，出现了集体土地被侵占、政府与农民争利、破坏耕地搞商业开发等一系列的问题，而近些年愈演愈烈的“小产权房”问题一定程度上与农村的集体产权不清有着深层的联系。一定程度上讲，农村的产权是很难清晰界定的，特别是资源随着经济增值之后，对其界定的成本将迅速增加。

第四节 本书的理论分析框架

在绪论中，我们提出了本书需要重点研究的五个问题：是什么因素激励了行为人（政府、集体、个人）去推动农村产权制度改革？这种产权制度的变迁是怎样进行的？哪些因素会影响到农村产权制度创新的进程？农村集体产权制度创新的经济社会绩效如何？农村集体产权制度创新的发展方向？从制度解析的角度看，这几个问题涉及农村集体产权制度创新的动因、改革进程、影响因素、绩效评价和路径选择这五个方面。在前述的理论研究成果上，提出分析每个问题的理论假说，进而构建本书的理论分析框架。

第一，是什么因素激励了行为人推动农村集体产权制度创新？结合产权理论中的产权起源和交易成本理论、制度供给需求理论，我们提出一个原因假说：要素相对价格变动会影响到农村集体产权制度安排的外在潜在收益、制度变迁的成本，当制度变迁的外在潜在收益超过了制度变迁成本时，行为人就会推动农村集体产权制度的变革与创新。

第二，农村集体产权制度的变迁是如何进行的？这个问题主要探讨制度变迁如何由不均衡向均衡演变，结合制度变迁理论、集体行动理论和演化博弈理论，我们提出一个过程假说：农村集体产权制度创新是政府与不同类别的集体成员的不完全信息博弈，随着集体成员行为决策能力的提升、要求改革的频率加大，政府越容易推进改革，而且当政府与集体成员的博弈达到均衡时，双方的福利都会增进。

第三，哪些因素会影响到农村集体产权制度创新的进程？结合制度变迁理论、满意度理论和集体行动理论，我们提出一个影响因素假说：农村集体产权制度创新是行为人博弈均衡的结果，而这种博弈均衡的实现依赖于行为人的不同决策能力即集体的角色定位。制度环境与集体行动等都会对博弈主体的博弈策略选择产生影响，最终导致不同的制度变迁路径。

第四，农村集体产权制度的变迁的经济社会绩效如何？本书拟构建一个绩效假说：当农村集体产权制度的改革方向是朝着市场化推进时，政府逐步放松了对集体产权的管制，这一过程中，政府对农村的管制成本下降，而且农村集体产权制度改革优化了生产要素配置，降低了市场交易费用，强化了产权的保护程度，提高了劳动的有效性。在当前的经济社会中，这些都是有助于社会福利增进的，即当农村集体产权制度的变革是朝着市场化、产权有效保护的方向推进时，其产生的经济社会绩效为正。反之，政府权力入侵集体产权会使资源配置扭曲，政府管控成本和社会交易成本上升，虽可以产生一定的正社会绩效，但很难弥补经济绩效的耗散，总体上经济社会绩效为负。

第五，农村集体产权制度的创新发展方向？结合制度变迁理论、演化博弈理论和路径依赖理论，我们提出一个路径依赖假说：当制度环境处在一个稳定发展的态势下，农村集体产权制度变迁将进入一个自我强化的路径依赖中，其抗冲击能力不断提升。当前农村集体产权制度的变迁轨迹朝着产权保护、国家放松对农村管控的方向发展，综合考虑正的经济社会绩效，农村集体产权正进入一个良性的路径依赖之中。未来，除非国家权力的重新入侵，否则农村集体产权制度改革将维持这种自我强化的良性发展路径。

第三章 中国农村集体产权制度的历史演变分析

农村集体产权是农业合作化时期形成建立的一种特殊产权形式，在时代变迁中不断演进与变化。从初级农业合作社的建立出现“农村集体经济产权”，高级合作社、人民公社的发展大大强化了农村集体产权的概念，1978 年的农村改革对农村的集体产权制度进行了重新安排，到农业化、工业化、城市化背景下制度模式的创新，农村集体产权制度创新与调整贯穿始终，形成了一条特有的历史轨迹。本章将从时代背景的转换中对我国农村集体产权制度的发展演变过程进行梳理，探寻这种制度创新的共性特征，分析农村集体产权制度创新的必然性，为后文的分析提供经验支撑与实证依据。

第一节 中国农村集体产权制度的形成与演变

中华人民共和国成立后，国家出于经济发展与意识形态考虑，在农村社区构造出一个“集体”，通过对集体的管控实现了国家权力在农村社区的扩张。在集体化过程中，中国特色的集体产权制度也逐渐形成。随着人民公社运动、农村“大包干”改革、家庭承包制改革以及近些年的农村改革，集体产权制度也在不断创新调整。总体看，中国农村集体产权制度的构建与变迁大致经历了四个阶段。

一、农村集体产权制度的建立（1951~1958 年合作化运动）

1951~1958 年，中华人民共和国开展了合作化运动，先后经历了互助组、初级社、高级社三个阶段，集体产权以及中国特有的农村集体产权制度正是在这个阶段逐步构建起来的。

（一）集体的形成

集体是在合作化运动中构建并稳定下来的。互助组时期，社区内农户联合起来开展分工合作，形成了小范围的利益共同体。由于这种合作仍是以家庭户为基础，生产资料还是完全私有，在这种分工合作基础上建立起来的组织还较松散，只能是集体的一个萌芽。

发展到初级社阶段，生产由分户经营变为了统一经营，土地、生产资料入股统一使用，生产收益统一分配，这都要求一个组织去执行、管理这些活动，初级社理所当然地成为这个集体组织的代表。同时，国家以法律法规确认了初级社对土地、生产资料的经营、管理，表明国家也承认了初级社作为一个集体组织的地位。这样，一个依附于政府的集体组织就形成了。但由于此时土地、生产资料仍是私人所有，初级社没有所有权，此时的集体较为松散。

集体的最终形成是在高级社阶段。这一时期，土地、生产资料等都收归合作社，集体有了独立的财产。取消了按资分红，对成员的生产分配实行按劳分配，合作社完全占有了生产的分配权。高级社在更大范围内进行统一生产经营，集体的执行能力增强。高级社具有如下特征：对外排他的集体资产，构建并优化了集体资产运营权利束，具有独立的组织身份，获得国家的承认与授权，高级社已具备了集体组织的特质。

（二）集体产权制度的构建

初级合作社时期，土地等生产资料入股到合作社，形成了共有的集体财产，集体（初级社）获得了集体资产的占有权；集体（初级社）统一安排农业生产，获得了集体资产的使用权与经营权；通过年终分配计提公积金、公益金，集体（初级社）获得了集体资产收益权；对集体成员按照股份、劳动进行年终收益分配，集体（初级社）获得了收益处置权。在生产资料仍属于农民私有的背景下，集体获得的这些权利是农户让渡出来的，这也意味着农户在初级社阶段失去了对生产资料的经营权、占有权、收益分配权。农户仅享有成员权、生产资料所有权、按股（劳动、生产资料）收益权、剩余处置权和退出权。但如果将国家的权利入侵考虑进来，我们发现在国家统购统销的政策下，农户按劳、按资获得的除保障生存外的生产剩余无法自由交易，没有自由处置权。农户虽享有退社自由的权利，但在国家的暴力约束下，这种权利形同虚设。

到了高级社阶段，土地、生产资料的所有权完全转移到合作社，同时按资分配被取消，农户原本享有的资本收益权也被集体占有（以公益金、公积金的形式表现为集体收益）。集体拥有了独立完整的财产所有权，加上在初级社就已获得的各项权利，集体产权在这一时期被构建起来。但这种集体产权仍是一种“残缺的产权”（德姆塞茨，1988），其无法实现对国家权力干预的排他。如集体要完成政府下达的指令性生产计划，完成国家农业税征收、粮食收购任务，如表 3–1 所示。

表 3–1　农业合作化运动中的产权结构变化

时期		生产资料所有权	生产资料经营权	生产资料收益权	产权主体	分配方式	经营规模
土地改革		农户	农户	农户	农户	农户自主经营，按比例缴纳赋税	小农经济规模小
农业合作化	互助组	农户	农户	农户	农户	收益归个人，组内的换工差额要结算	由几户、十几户农户组成
	初级社	农户	合作社	合作社	农户与合作社共有	按股分红与按劳分配结合	由十几户、二三十户农户组成
	高级社	集体	集体	集体	集体	按工分分配	规模较大

注：表中的生产资料包括土地、农具、家禽等，但主要是指土地。

二、农村集体产权制度的曲折强化（1959~1978 年人民公社运动）

人民公社运动分为 1958~1962 年和 1962~1978 年两个阶段，前一个阶段人民公社制度安排经常调整，很大程度上受到意识形态干扰，且存在着许多不合理的制度安排，后一阶段则对之前的制度安排进行了许多调整，“三级所有，队为基础”的体制保持了之后人民公社的“相对平稳”运行。此处重点对调整后的人民公社体制下的集体产权制度进行分析。

（一）人民公社体制下的集体

人民公社时期，集体的组织形式有了很大的变化。由高级社合并建立起来的人民公社，既进行农业生产经营，又开展乡村治理，是一种集经济、文化、政治、军事于一身的组织。生产大队由高级社演变而来，是一个独立经营的经济组织，也具有对生产队的行政管理职能。生产队是一个较为独立的经济组织，主要是组织队社成员进行集体生产经营。各级组织间互相嵌套，形成一种层级管理体制。1962 年颁布的《农村人民公社工作条例修正草案》，强调生产队是最基本的核算单位。

（二）集体产权制度的强化

“三级所有，队为基础”明确了这一时期生产队是集体财产权利的主体。从表 3-2 看，生产队主要拥有以下几项产权：一是享有生产队范围内的集体财产的所有权与占有权；二是享有集体财产的使用权与经营权，但在权利上受到一定的限制，这主要是由于生产队要完成国家的生产任务，其生产计划是在国家、公社、生产大队的多方干预下制定的；三是生产队享有收益权，国家明确规定“公社与生产大队一般不从生产队提取公积金与公益金”，保证了集体可以独享集体资产的收益；四是生产队有权对扣除农业税、完成国家任务后的生产剩余进行分配，享有一定的收益处置权。

表 3-2　人民公社时期不同集体组织的权能对照

组织	集体资产	职能任务	权利设置
生产队	生产队范围内的土地归生产队所有；生产队集体所有的大牲畜、农具；划归生产队所有的山林、水面和草原；生产队经营的农副产品加工作坊；生产队公共积累资产	制定并组织实施生产计划；选取、实施本队的生产制度；发展农、林、牧、渔业，开垦、经营本队内生产资源；开展多种经营；执行生产队的收益分配职能，包括完成国家粮食、农副产品的征购、派购，成员内的按劳分配，计提公益金、公积金等	集体资产所有权、使用权；有限经营权；收益权；收益处置权
生产大队	大队范围内除生产队拥有外的土地、山林、水面、草原，大队所有的大中型农机具和运输工具，大队所有的企业	帮助生产队做生产计划；督导检查生产队的生产工作、财务管理工作、分配工作；组织生产队间协作；经营好大队所有山林、企业；督促生产队完成国家任务；行政管理职能	大队对生产队只有一定的监管与行政管理权
人民公社	公社范围内，除生产队、生产大队拥有外的土地、山林、水面、草原	对生产队制订生产计划，并督导检查；推广先进经验、技术；组织生产队之间的协作；向生产队供应生产资料；兴建基础设施；完成国家粮食及农副产品征购、派购任务；行政管理职能	对集体资产进行管理，不发生直接的权利收益

注：由《农村人民公社条例修正草案》整理。该文件于 1962 年 9 月在中国共产党第八届中央委员会第十次全体会议通过。

从集体成员的角度看，农户拥有的权利经历了较大的变化。人民公社运动之初，农户的一些私有财产也被集体化，在三年自然灾害中，一些地方的农户连最起码的生存权都没法保障。在对人民公社运动调整之后，这种农民权利严重受损的情况才有所缓解。1962 年实行的《农村人民公社工作条例修正草案》中，“人民公社社员，可以耕种由集体分配的自留地，经营由集体分配的自留山，经营由集体分配的自留果树与林木”，农户在拥有集体成员权（社员）的基础上，获得一部分集体资产（耕地、山林、树木等）的占有权与使用权。同时“社员家庭副业的产品和收入，都归社员所有，都归社员支配”，赋予了农户占有使用的集体资产的收益权。“自留地的单位产量一般比集体土地产量高30%~50%”（温铁军，2005），这种自由支配的生产收益，一定程度上保证了农户的生存权。此外，农户在生产队劳动，赚取工分，年终按集体收益获得一定的集体生产收益，即农户拥有对集体资产的收益权。但较低的生产率，较少的生产剩余，加之国家的统购统销政策，限制了农户的生产剩余处置权。至于退出权，人民公社社员身份具有强制性和终身性（刘金海，2003），意味着农户已基本上失去这一权利。

这一阶段，集体产权仍受到国家权利的侵蚀。一是虽然生产队拥有土地所有权、使用权，但国家从卖方、买方上控制了土地的交易，拥有土地的处置权；二是国家实行“计划经济”，生产队的生产经营受到国家生产计划的控制，且必须完成国家征购、派购任务，生产队的生产经营权是有限制的；三是统购统销、城乡二元价格体制下，生产队的生产剩余的处置权受到限制；四是人民公社的管理体制以及户籍制度下，农民是没有任何退出权的。

三、农村集体产权制度的调整变革（1978年之后的家庭承包制改革）

20世纪70年代末，中国的工作重心重新回到经济建设中，而开启这次变革大幕的正是对农村的人民公社制改革。从1978年开始在农村中探索家庭承包制模式，到1984年99.9%

的农村生产队已实现土地承包，新的生产模式下集体产权制度也在权利的再分化、整合中重新构建。

（一）集体组织的演变

农村家庭承包制改革以来，人民公社体制下的组织体系逐渐瓦解，生产队、生产大队、公社这些原有的集体形式出现了新的演变。从行政体制上看，原有的公社被政府一级权力机构——乡镇政府取代，生产大队发展成村民委员会（村民自治单位），生产队演变为村民小组，不具有行政职能。

在经营管理的职能调整中，人民公社时期最基本的核算单位——生产队演变为村民小组，继承了原有的集体资产，成为一个新的集体组织。公社和生产大队一级则分别成立了乡农业合作经济联合组织和村集体经济组织，分别经营管理缘由公社、大队占有的土地。这三个集体组织是相互独立的，对全乡范围内的集体土地分别管理，不存在层级管理。实际运行中，乡农业合作经济联合组织一直没有建立起来，村集体经济组织（村经济联社）与村民委员会交织在一起，没有形成独立的组织形式。而村民小组的组织形态更加模糊，实际的土地经营管理为“组有村管”：村民小组所有，由村委会或村集体经济组织（村民小组的联合体）行使经营管理职能。从这个角度看，这一时期的“集体”是虚置的。村委会“乘虚而入”，加之国家赋予其可以代农村集体经济组织行使集体资产的经营管理职能，村集体经济组织完全被架空，而这也成为了近些年农村集体资产流失、管理混乱的根源。

（二）集体产权制度的变革

家庭承包制下集体产权的变动调整是围绕着土地产权的变

更来进行的。人民公社下农村集体土地是“三级所有”，即公社范围内的土地，归属于生产队、生产大队、公社，其中生产队占 90%以上，生产大队和公社主要充当了“拾遗补阙”的角色，三方对集体土地的所有权不发生重叠。家庭承包制改革以后，村民小组继承了生产队的土地所有权，村、乡继承了大队和公社的土地所有权。相关的法律也明确了这种土地所有权的安排[①]。从这个角度看，农村集体土地的所有权是明确的。但实际运行中，对农地所有权的保护却不甚理想。一方面，土地所有权的主体拥有土地发包的权利，但实际上很多地方的农地发包都是由村委会代理的，有些地方土地调整甚至已超越了村民小组的土地边界扩大到村社范围内；另一方面，在农村税费改革之前，村民承包集体土地，需要上缴“三提五统”“村提留”，乡、村政府变相地拥有了土地的所有权。这种混乱的所有权形式，很大程度上是由于行政干预。表 3-3 是对全国 10 省 30 县的 1800 位农户调查得出的集体土地权属认知表，其中有 41.91%的农户认为土地是国家的，3.56%的农户认为土地是乡政府的，29.57%的农户认为土地是村集体的，6.23%的农户认为土地是村民小组的。而这次调查中的土地所有权主体实际为村民小组或村集体。近一半的农户搞不清他们承包的土地是谁的，这也深刻地体现了“行政权力已深深介入到集体土地所有权行使中”（高飞，2008）。在行政越权的干涉下，“乡镇政府作为财产主体的代表者的身份被实质化，行政村的农民集体

① 目前所争议的“农地所有权主体不明晰”主要是指权利主体不明确，国家只简单规定了归各级集体经济组织所有，但并没明晰其组织身份，而村委会代管又导致了集体经济组织被架空。

作为集体土地财产主体的身份被实体化""村民小组实际上已失去对所属范围内的耕地的所有权"（刘金海，2003）。

表 3-3　农户对集体土地所有权主体认知状况

单位：%

	山东	江苏	广东	贵州	四川	山西	黑龙江	河南	湖北	湖南	平均值
国家	42.70	3.33	14.92	53.04	64.20	38.33	41.99	58.43	49.72	53.01	41.91
乡（镇）	3.93	0.00	1.11	4.42	6.25	2.78	2.21	3.93	9.94	1.09	3.56
村集体	37.64	66.11	76.24	14.92	7.95	23.89	19.89	19.10	16.57	13.11	29.57
村小组	6.74	22.78	4.97	2.76	3.41	1.11	1.10	6.74	6.08	6.56	6.23
个人	8.99	7.78	2.76	20.99	16.48	31.67	32.60	11.80	16.57	26.23	17.62
其他	0.00	0.00	0.00	3.31	1.14	1.67	1.10	0.00	1.10	0.00	0.83

注：数据由《集体土地所有权主体制度运行状况的实证分析》（高飞，2008）一文整理而得。

从集体产权的角度看，这一时期在六个方面进行了调整：一是土地所有权、使用权再次分离。人民公社时期土地所有权、使用权都集中在生产队里。改革之后，集体享有土地的所有权，农户通过与集体签订承包合同获得土地的使用权。二是在成员权的基础上形成承包权。承包权是农村集体组织在向农户转让土地使用权时构建起来的。成员权是行使承包权的前提。三是经营权。经营权随着承包权、使用权让渡到农户身上，但在行政权力的干预下，农户的生产经营也受到一定的限制。四是收益权。家庭承包制下的农户对农业生产收益实行"交足国家的，留足集体的，剩下是自己的"的分配政策，农户需要向国家缴纳农业税，向乡政府提交"三统五筹"，向村集体缴纳"村提留"。国家、集体组织、农户共同分享土地的经营收益。五是处置权。农户可以自由处置自己获得的生产剩余，在取消粮食统购统销政策后，农户的剩余处置权更加独立。在土地的处置权上，国家对农地有严格的用途管制并垄断了土地交易市场，其拥有最终的土地处置权。集体拥有对集体土地发包、调整与管理的权利，土地流转必须经过集体同意，集体也拥有对土地的处置权。农户只是享有最低层级的处置权，可以在法律规定、集体授权的前提下进行土地经营权（使用权）的流转。六是退出权。家庭承包制改革后，农户得到了自己劳动力的支配权①，伴随着乡镇企业的崛起及之后的城镇化改革，农户在农业与非农业的选择性大大增强，对集体的依赖度大大降低。虽然农户在退出集体上还存在着巨大的障碍，但其已具备独立于集体之外的生存能力，具有一定的退出权。

这一时期的集体产权演变的总趋势是：在集体产权进一步分化的基础上，集体组织向农户让渡各种权利，这与集体化过程中农户向集体让渡权利正好相反。由于这次农村集体产权的调整是对原有产权结构的破坏性重构，且处在我国在从计划经济向市场经济转轨的变革时期，这种背景下构建起来的集体产权制度必然存在着不完善的地方。但必须承认，集体产权制度创新释放出来的能量极大地带动了农村经济的发展，实现了国家、集体、农民的效益共增。

四、农村集体产权制度的创新发展

当前，农村集体经济的发展呈现出两条不同的路径：一方面，区位优势较好的农村随着城市化、工业化的发展，集体资产迅速增值，集体经济实力不断增强；另一方面，大多数的农

① 农闲时还需要参加村集体的“两工”。

村仍在家庭经营下发展传统农业，农村劳动力的外流导致了农村的凋敝，农村集体经济已濒临破产。从表3-4看，全国社区集体经济组织的收入差距逐渐拉大，村集体组织间的收入不平衡现象随着经济发展不断加剧。表3-5数据更进一步证实了农村集体经济组织收入两极分化的现象，在被调查的浙江省197个村集体经济组织2010年村集体收入中，5个村的集体收入不足1万元，200万元以上的21个。最高一个村的收入达到1023万元，最低的仅有0.32万元，两者相差甚远。

表3-4　全国集体经济组织收入分类

单位：%

年份	无收入村	5万元以下村	5万~10万元村	10万元以上村
1990	10.2	65.3	13.5	11.0
1996	22.5	42.9	13.5	12.8
2006	45.1	—	—	—
2011	52.7	27.0	8.4	11.9

注：数据由《农村基本经营制度的演进轨迹与发展评价》（国鲁来，2013）一文整理而得。“—”在原文中数据短缺。

表3-5　浙江省197个村集体经济组织2010年收入水平分组情况

村集体纯收入（万元）	<1	1~5	5~10	10~20	20~30	30~50	50~100	100~200	>200	合计
村数（个）	5	22	19	26	18	22	39	25	21	197
比例（%）	2.54	11.17	9.64	13.20	9.14	11.17	19.80	12.69	10.66	100

注：数据来源于《集体经济发展水平与收入结构：197个样本村》（张忠根、吴海江，2013）一文。

虽然集体经济发展表现出两极分化的态势，但家庭承包制下不完善的集体产权结构却成为其发展面临的共性“瓶颈”：对于集体经济实力较强的农村集体，集体资产的“分配”与“保值增值”是其面临的难题，而那些发展较差的农村集体急需突破“如何提高发展效率”的困境。如何对集体产权进行再调整，让产权能更有效率地配置资源，成为各方关注的焦点。

（一）集体组织的创新

实践中，不同地区对集体产权的调整方式是不同的，出现了不同类型的集体经济组织。

集体经济实力较强的地区在集体产权调整的实践中主要是进行股份合作制改革，形成新型的社区型股份合作经济组织、企业型股份合作经济组织。这种股份合作经济组织较之前虚置或被行政架空的集体经济组织有了实质的进步：一是其具有完整的组织结构、拥有严格的运行保障制度、是一种实体组织，其已经具备法人组织的条件；二是与行政机构开始剥离，股份合作经济组织成为一个独立的机构，与村委会分别执行经济管理与行政管理职能[①]。

对于大多数的农村，提高农业生产效益只能从降低农业生产成本着手[②]，即发展农业适度规模经营，提升单位资本的产出效率，走合作经济之路，减少农业经营外部成本。在这个背景下，通过对集体产权的调整，推动农地的流转和重构农村合作经济，成为这些地区农村经济改革的重要内容。但相对于集体经济发达的地区，这些地区的农村集体经济组织没有大的实质性变化，唯一的亮点是近些年快速发展的农村合作经济组织。

---

① 虽然有些地方的股份合作经济组织仍是由村两委成员交叉任职，但在组织运行中受到股份合作社的规章制约，行政干预已得到较大的制约。

② 有些农村可以通过发展高产出的农业（如蔬菜、花卉、经济作物等）提高农业产出水平，但考虑到区位禀赋及国家粮食安全政策，这种做法不具有普适性。

（二）集体产权制度的创新

集体经济较发达的地区通过股份合作制改革，将集体资产按股折到集体成员与集体头上，成立了实质性的社区、企业股份合作经济组织，其拥有集体资产的名义所有权，集体成员与集体按股分享集体资产的实际所有权。

表 3-6　北京市昌平区农村集体产权制度改革的实现形式

镇（街）	确权确地		确权确利		确权确股		确权确地与确权确股	
	村庄数（个）	比例（%）	村庄数（个）	比例（%）	村庄数（个）	比例（%）	村庄数（个）	比例（%）
城北	—	—	4	100	—	—	—	—
南口	21	75	2	7	4	14	1	4
马池口	1	5	1	5	14	70	4	20
沙河	—	—	3	14	19	86	—	—
城南	—	—	—	—	5	100	—	—
回龙观	—	—	—	—	8	100	—	—
东小口	—	—	—	—	17	100	—	—
阳坊	—	—	—	—	5	50	5	50
小汤山	—	—	—	—	16	67	8	33
南邵	—	—	—	—	15	94	1	6
崔村	—	—	—	—	8	67	4	33
百善	—	—	—	—	13	100	—	—
北七家					19	100		
兴寿	9	30	10	33	11	37	—	—
长陵	29	97	—	—	1	3	—	—
流村	28	100	—	—	—	—	—	—
十三陵	16	100	—	—	—	—	—	—
合计	104	34	20	7	155	51	23	8

注：数据由 2012 年对北京市昌平区的实地调研获得的材料整理而得。

表3-6为北京市昌平区集体产权制度改革的实现形式，通过社区股份合作制改革的确权确股、确权确利模式是集体产权制度创新的主要形式。在新的集体资产所有权的基础上，集体产权结构也发生了调整：一是将农户的承包权、成员权转变为对集体资产的占有股权；二是将农户对农地的使用权收归集体，由集体对土地统一经营管理；三是在收益权上，集体成员与集体共同占有集体资产的收益，按照各自占有的股份获得相应的股权分红；四是处置权，在集体资产折股后，主要是对股份的处置权，各地的实践中尚未形成一致性规定，股权的赠予、继承上各地有不同的规定，在股权的转让、抵押及退出上还存在着争议，未完全放开；五是农村股份合作组织获得了集体资产的占有权、经营权、使用权、收益分配权、部分收益权及股份处置权。

这种产权结构调整呈现出两个显著的特点："清晰性"，集体资产的所有权归属更加明确，而且比以往的"共有私用"（赵阳，2007）。更进一步，农户的所有权通过股权清晰地展现出来。集体经济组织成为一个实质性的机构，有了组织实体与运行规则，有效地避免了所有权残缺。"完整性"，除了弥补了"所有权"的残缺，集体资产的排他性增强。收益权、处置权更加独立，股权交易的可操作性也为退出权的落实奠定了基础，集体产权设置更加完备。股份合作制下集体成员"用手投票""用脚投票"的权利有了制度性的保障，农户可以更加完整地表达其对自己所有资产的经营意愿。

对于那些集体经济发展较慢的地区，家庭承包制建立起来的集体产权结构变动相对较小。近些年，围绕着推进农地流转，各地也进行了一些探索。如实行反租倒包、承租反包、四荒地拍卖等。其中，影响较广的属“两田制”，表 3-7 反映了 20 世纪 90 年代“两田制”的发展情况。从产权的角度看，“两田制”从三方面对集体产权进行了调整：一是土地的处置权发生了变动。“两田制”下，集体需要对责任田发包、管理，并按人口变动实行“两田互补”，集体对土地的处置权范围有所扩大。同时，农户获得了一定的土地使用权和转让权，如口粮田可以自由转让，责任田可以退包与无偿转让。二是农户的承包权受到影响。“两田制”打破了家庭承包制下的“均田承包”，实行口粮田均包、责任田承包方式转变为按人、按劳、按招标等多种方式。三是集体的收益权有了新的调整。“两田制”中，责任田的“租金”（承包费）由集体组织分配管理，责任田多的集体可以获得较高的集体收益。“两田制”实现了土地与劳动等其他资本的最优结合，在提高资源配置效率的同时又通过口粮田的均分兼顾了公平，完善了家庭承包制。但同时“两田制”也存在着集体变相提高承包费、强制收回承包田搞土地出租等问题，国家于 1997 年禁止推行“两田制”。从根本上讲，集体经济实力较弱的农村，近些年集体产权的调整主要是拓宽土地使用权的内涵，赋予土地使用权的出让、入股、出租、抵押、转让等权利。在国家大力推进土地流转的大环境

表 3-7　20 世纪 90 年代“两田制”发展情况

项目	1986	1990	1994	1997	1999
“两田制”面积（亿公顷）	0.175	0.265	0.323	0.311	0.076
占家庭承包地比例（%）	22.9	34.7	42.3	40.7	10.0

注：数据由《农村土地使用制度变迁：阶段性、多样性与政策调整》（张红宇，2005）一文整理而得。

下，土地使用权的出让、出租、入股得到了政策的支持，并在实践中取得了一定的成效。但由于抵押、转让等涉及土地所有权，存在着一些政策障碍，还需要进一步探讨。

第二节　农村集体产权制度历史变迁的特征分析

从上面的梳理可以看到，我国农村集体产权经历了构建、强化、变革、创新四个阶段，农村集体产权制度演变是一个动态调整的过程，而在这种制度演进的背后，农村集体产权制度创新也显露出一些规律性的特征。

一、中国的国情决定了农村集体产权制度存在的客观必然性

农村集体产权制度从构建到强化再到变革调整，已融入中国政治经济体制的各个角落，集体产权已成为中国特色社会主义特有的产权形式，成为构建集体所有制经济的基本制度安排，农村集体产权制度的存在具有客观必然性。从上文的历史变迁梳理看，这种客观必然性表现在以下几个方面：

从政治的角度看，在社会主义国家的生产关系下，私有制是不符合经济社会发展需要的，引导农村私有制向集体所以制转变在当时是一种必然，同时集体产权制度作为公有制的基本形式将长期存在于中国特色的社会主义体制中，这是马克思主

义制度变迁理论的重要实践。

从经济发展的角度看，集体产权安排是适应社会主义初级阶段生产力发展规律的。中国直接由半殖民地半封建社会国家跨入社会主义国家，生产力水平实际上存在着一个断层，内外在环境也不允许中国去慢慢提升农业生产能力。通过农业的合作生产，集中力量办大事的方式是促进农业生产力发展的一种捷径，在这个追赶先进农业生产力的过程中建立起集体产权制度是一种必然。

从社会主义的未来发展角度看，集体产权制度下经济发展更加关注社会公平，有助于保持社会的稳定。集体产权制度下，集体可以动用公用资源从事一些经济效益不高而社会效益显著的事业，在集体内部调节成员间的财产收入，保障社会公平，维系集体内部的稳定与团结。集体组织（实际上由村政府代理）可以通过经济激励或利益惩罚对农户的一些行为进行约束，在集体内部形成一种相对稳定的氛围，协调村民之间的矛盾。

二、强制性向诱致性变迁的转变是农村集体产权制度创新的趋势

林毅夫将制度变迁分为强制性和诱致性两大类，中国农村集体产权制度的历史演变中，合作化运动时期的制度建立调整属于典型的强制性制度变迁，政府在推进制度创新中发挥了核心作用。之后的家庭承包制、两田制等形式的农村集体产权制度创新则逐渐呈现出诱致性制度变迁方式，市场诱致与政府推进是这些典型制度创新的主要手段。当前的农村集体产权制度

创新如股份合作制主要是在市场诱致下的基层制度创新，政府更多地发挥引导、监管的职能。从未来发展的角度讲，随着市场化改革的深入以及农村的“再集体化”趋势，市场诱致性的农村集体产权制度创新将成为主要方式，强制性向诱致性变迁转变是农村集体产权制度创新的大趋势。在这个过程中，集体成员将在新制度的设计、运行中发挥主导作用，自下而上的改革是其典型特征，政府主要发挥服务职能，在法律法规的边界内，鼓励与支持基层的制度创新，保证政治效率与经济效率的双赢。

三、国家、集体、农民多方博弈构成了农村集体产权制度演进的基础

当前的农村集体产权制度创新[①]是一种从下到上的制度扩散，基层农民探讨出来的农村集体产权安排更多地体现了一种国家、集体、农民三方博弈，是在相互妥协的基础上建立起来的制度。从国家的角度看，国家对农村的完全控制开始收缩，对农村集体、农民的控制权逐渐下放。在农村集体产权制度创新中，国家主动的、有步骤的收缩成为了当前制度创新顺利推行的关键。随着市场经济体制改革深入，国家对农村的控制进一步减弱，由原来直接参与农村收益分配的主体变为了农村的制度设计者与监管者。从集体的角度看，人民公社解散之后，农村中行政管理职能被过渡到乡、村两级政府，集体财产管理经营职能划归了集体合作组织，集体的控制权被明晰与细化。

① 此处主要是指改革开放之后的农村集体产权制度创新。

但实际上，乡村两级政府将行政管理与经济管理的职能集于一身，权利更进一步加强。集体在农村集体产权制度博弈中权利是有进有退，而国家退缩后将部分管控权移交给集体一定程度上强化了集体的控制权。从农民的角度看，国家在农村控制中强势的退却，赋予了农户更多的权利，使得农民有条件有能力与国家进行谈判，而且随着农村改革的深入，农民的权利意识不断增强，极大提升了农户在农村集体产权制度创新三方博弈中的地位与作用。

四、集体成员权利不断增强是当前农村集体产权制度创新的特质

透过农村集体产权制度的历史变迁不难发现，集体成员在这个动态调整中的权利是不断增强的，而且呈现出一种“自我强化”的状态。集体成员在外在环境的刺激下权利意识增强进而要求更加完备的集体权利分享，构成了推进农村集体产权制度创新的基本逻辑。集体产权制度建立之初，集体成员不断失去集体资产[①]的权利，改革开放之后，集体成员又不断得到集体资产的权利。虽然我国国情决定了私有化集体资产不可能实现，但随着对集体财产权利的明晰与细化，集体成员对集体资产的权利束不断壮大，且随着改革的深入，这种权利束将最终演变成一种事实上的完整所有权，集体成员达到对集体资产的完全控制与管理。不过，从集体资产最初的形成来讲，私有制基础上建立起来的集体所有制下，集体成员所拥有的集体共有

① 集体建立之初，集体资产主要是由集体成员的私有财产组成，前文在对合作化时期集体形成的描述中有详细的分析。

资产原本就属于个人，当前农村集体产权制度创新只是不断地将这些权利再归还给集体成员，是一种权利的复位。

五、农村集体产权制度的演变路径与国家经济战略和经济体制调整相耦合

在国家实施工业化战略的背景下，国家为了控制农业生产剩余完成工业化的原始积累，而构建起农村集体产权制度。改革开放背景下，国家推动了计划经济向市场经济的转型，国家对集体产权也由管制转向了放松。当前在深入推进市场化改革的背景下，建立现代产权制度成为了一个大趋势，对应的农村集体产权制度创新也是以完善农村产权制度为核心。这些实践证明，农村集体产权制度的演变路径与国家经济战略、经济体制调整是耦合的，农村集体产权制度的创新调整受制度环境的约束与影响，这也说明农村集体产权制度的出现并不是一种偶然现象，在中国的特殊国情下其存在与发展有其客观必然性。

第三节　当前农村集体产权制度创新的必然性

农村集体产权制度从无到有，在调整中不断地完善与壮大，展现出强大的生命力。而透过农村集体产权制度的演进历程不难发现，农村集体产权制度并不是一成不变的，制度创新是其保持强大生命力的关键。当前，中国经济社会环境日新月

异，这决定了农村集体产权制度需要进一步的改革与调整，农村集体产权制度创新是一种必然。

一、城市化与工业化的快速发展需要对农村集体产权制度创新

当前，城镇化、工业化的步伐不断加快，大量的农村土地被纳入到城市的版图中，大量的农村劳动力流向城市与工厂，各种农业生产资源加速向城市与非农产业转移。在未来，新型城镇化战略的实施将进一步加快城乡统筹的步伐。但现实中，农村集体产权不清晰的现状既制约了农村经济的发展，使其难以跟上城市化、工业化发展步伐，又导致了集体资产流失、村庄治理矛盾突出等问题，成为了工业化、城市化发展的阻碍。此外，城市化发展要求农村的政治与经济分离，伴随着经济利益控制权的转移，这使得既得利益集团——村委会很难有积极性去支持城市化、工业化的发展，成为城市化和工业化发展的阻碍。

当前模糊的农村集体产权制度安排不利于城市化、工业化进程中乡村结构的调整。城市化、工业化的发展使大量农民进入城市，一些分属不同农村集体经济组织的农民需要被合并成为新的社区。而实际中，不同集体经济组织拥有的资产数量、经济发展水平是有差异的，通过行政命令直接将不同集体经济组织的社区合并在一起，实际上是对资产较多、发展较好的集体组织成员利益的侵害。此外，城市化进程中，一些城郊村、城中村的农民、村政府利用模糊的集体产权制度，在村中乱占土地、私搭乱建，发展“瓦片经济”，农村“小产权房”问题

产生了严重的社会后果，政府对这些农村的改造成本激增，而且特别容易产生社会矛盾。

二、农村集体产权制度创新是以制度创新推动经济发展的重要选择

制度创新是经济增长的根源。我国家庭承包制实现了计划经济体制下的制度创新，促进了当时农村经济的发展。当前，农村经济社会环境有了新的变化，家庭承包制需要通过制度创新实现农村经济的再一次飞跃，农村集体产权制度创新也就成为了以制度创新推动经济发展的重要选择。

具体看，通过集体土地产权制度调整，健全严格规范的农村土地管理制度，可以促进现代农业的进程，为工业化、城市化的发展提供支撑；对农村集体收益分配机制的调整，可以促进农村生产要素的市场配置，既保证农村有效劳动向非农产业的转移，也能为先进生产要素向农业转移创造前提条件；通过农村集体产权制度创新，可以提升农民的生产主体地位，激励农民增加农业投入，走专业化、精细化农业经营之路，提高农业生产经营效率；集体产权制度创新有助于村集体经济组织构建现代经营体制，如建立股份合作经济组织、股份企业制度等，这些现代经济体制对引领农村经济发展具有重要的作用。此外，当前农村集体产权制度创新中注重“政经分离”，农村集体经济组织的职能独立可以强化农村集体资产的经营，提高农村集体产权的价值，促进集体资产的保值增值，村庄乡村治理职能的独立可以更好地为村民与集体经济组织开展公共服务。

三、农村集体产权制度创新是破解“三农”问题的重要突破口

从农业的角度看，家庭承包制是以家庭生产为核心的生产模式，在当时解放了农村生产力，促进了农业的飞速发展。但随着社会分工的细化与深化，这种生产方式已成为现代农业发展的阻碍。一是家庭经营下，农户经营管理能力不足，农业兼业化趋势凸显，农业生产的粗放经营以及农户生产的局限性使其难以根据市场变化安排生产，农业生产的专业化、产业化水平较低；二是土地流转机制不健全，农业生产的规模化、集约化程度低，限制了农业生产活动的社会调控与管控，阻碍了生产率的提高，不利于农村生产的现代化。现行的农村集体产权制度不适应现代农业专业化、产业化、现代化的发展要求，是造成“三农”中农业问题的一个重要原因。

从农村的角度看，现行农村集体产权制度造成了农村中的干群关系紧张、集体资产收益分配机制不健全、“政经统一”下的农村法治进程滞后。当前不完善的农村集体产权制度成为农村社会问题的根源。通过农村集体产权制度创新，一方面，明确村委会与农村集体经济组织的职能，推进农村社会的政治治理与经济管理职能分离，建立运行监管机制，实现权力的制衡，可以实现管理效率的最优化；另一方面，明晰集体资产的产权，实现集体产权的量化到人，实现集体资产的有效监管，可有效避免因集体资产纠纷引发的农村社会矛盾。

从农民的角度看，集体产权制度不完善引发的农民问题，可以通过集体产权制度创新来解决。一方面，通过集体产权制

度改革，明晰集体资产的所有权，将农民所拥有的财产权利界定清楚，隔断农民与农村的束缚，将农民彻底解放为一种可在任一行业劳作的产业工人，实现“农民”由身份到职业的转变；另一方面，通过集体产权制度创新，促进集体经济的发展，将其作为农村居民一项重要的收入渠道，通过集体的公共积累，加强对农村社保体系、公共福利的支持，提高集体成员的生活水平。

四、深化农村市场经济改革需要理顺农村集体产权的制度安排

随着市场经济的发展，农村集体成为了市场交易的一个重要主体，但农村集体组织在参与市场交易中面临着许多问题。

一是农村集体经济组织的法人地位问题。法人地位缺失限制了农村集体经济组织的民事权利能力和民事行为能力，农村集体经济组织没有独立的经营资格，不能独立开展经营业务，不能在银行开账号，难以从金融部门获得贷款。

二是农村集体产权制度下不利于生产要素的市场化配置。土地产权制度的不完善限制了农村土地的流转。集体资产的收益分配方式不明确，限制了农村劳动力的流动。集体产权制度下制约了金融等先进生产要素的流动。

三是集体产权制度下对集体资产的经营管理效率低下。现行的集体产权制度下，集体资产运营的监督机制不健全，农村集体资产的运行缺乏有效率的监管。同时，农村集体资产的经营多是短期的行为，村干部、群众只注重眼前利益，没有长远的规划，导致经济行为缺乏市场效率，制约集体经济的发展壮

大。基于此，必须对农村集体产权体制进行改革，形成有效的农村市场结构，将农村集体经济组织培育成社会主义市场经济中有效率的经济主体。

第四章

农村集体产权制度的创新动因分析：基于要素相对价格变动视角的解释

在第三章对中国农村集体产权制度变迁的梳理中，我们发现无论是政府强制推动的农村制度变革，还是基层自发进行的制度创新，都存在一个特定的因素诱发这种制度变迁，在这些动因的驱使下，政府、个人开始主动或被动地推动农村集体产权制度的创新。在这个基础上，本章重点探讨这些看似不同的原因是否有着内在的规律与联系，农村集体产权制度变迁中是否暗含了一个基础性、一致性的动力源泉？我们将构建一个原因假说：要素相对价格变动会影响到农村集体产权制度安排的外在潜在收益、制度变迁的成本，当制度变迁的外在潜在收益超过了制度变迁成本时，行为人就会推动农村集体产权制度的变革与创新。并在制度变迁中供给—需求理论、交易成本理论的基础上，构建一个要素相对价格变动—制度变迁理论分析框架，对中国农村集体产权制度变迁的历史进行实证。最后，通过北京市农村集体产权制度改革的面板数据，对该理论假说进行实证检验。

第一节　制度变迁的动因分析

所谓制度的变迁，是指整个制度系统由均衡到不均衡再到均衡的动态历史过程。那么，是什么因素导致了这种均衡被打破，何种力量使得制度偏离了均衡点呢？在经济学的不同发展阶段，对这个问题的回答是不同的。

按照新古典经济学的解释，均衡是各个利益主体达到决策最优、实现相对利益最大化的一个平衡点，理性经济人追求效益最大化的过程中会打破现有的均衡，推动下一个均衡点的实现。在这个过程中，不均衡的出现是经济人追求利润最大化的行为动机所导致。如果将经济运行系统看作是一个大的制度体系的话，这种制度变迁的动因就是"理性最大化的行为动机"，这种解释类似于当前的理性经济人假设，是一种比较静态分析。

产权理论提出后，新古典经济学中将理性经济人作为唯一制度变迁动因的理解受到质疑。按照产权理论的解释，有效的产权配置下仍可以实现市场出清，实现市场均衡。制度不均衡主要是因为制度环境发生变化后，产权结构不匹配，导致现有制度下存在着"外部性"，无法实现市场出清。而这个解释中，将理性经济人作为一种假设条件，而产权结构的不完善被当作主要原因。

但产权不完善并不能解释所有的制度变迁现象，特别是当产权结构本身被当作一种制度时。随着制度经济学研究的深入，人们又将目光转回到产权理论的基础——交易成本上，提出正是由于交易成本的变化才会使制度环境变化，当现有的制度不适宜于这种制度环境时，就会出现制度不均衡。随后，制度经济学派又将交易成本假说扩展到外部利润假说上，提出外部利润是诱导经济主体推动制度创新的动力，当现有制度下无法有效分享外部利润时，即意味着现有的制度已偏离均衡的轨迹。此外，制度经济学家从技术变迁的角度分析制度不均衡出现的原因，他们发现，制度及制度设定的信息空间、外部环境变化的信息更新都会成为制度系统演化的动力因素（范如国，2011）。

这些理论都从不同的角度分析了制度由均衡到不均衡的转变，而这些因素都与制度不均衡有着因果关系。但重新审视这些制度变迁的动力因素时，发现这些因素也并不是孤立存在的，当一个因素发生变化时，其他的因素也会发生变化，导致制度变迁的同方向变化，这些因素之间就存在着一些相关性。比如，当现行的制度出现外部利润时，会导致制度不均衡的出现，而这种外部利润也会导致经济人的行为决策发生变化，使得制度偏离均衡。同时，外部利润的凸显也可能是由于技术增进产生的，也有可能是交易成本下降产生的。从这个角度讲，这些因素的内在联系机制才是导致制度不均衡的根本动因。

如果将之前学者们提出的动因聚在一起，可以发现有一个因素与这些因素有着高度的相关性，且存在着一定的因果关系，这个因素就是要素相对价格。当要素相对价格变动后，经济人的行为决策会根据这种变动优化调整，相关的交易成本可能会下降，也会带来一定的外部利润。同时，要素相对价格上涨，对要素的产权界定要求越高，要素替代越会激发对相关技术的需求。从这个角度看，要素相对价格的变动会导致制度不均衡的出现，是制度变迁的根本动因。

制度经济学研究中，很多经济学家曾提出过这种理论。在理论研究方面，舒尔茨（1968）在研究制度与人力资本变迁时提出“人的经济价值的长期显著提高是制度在执行其经济功能时的主要非均衡原因，制度变迁是对劳动力的市场价格提高的反应”。拉坦（1971）在诱致性变迁理论中提出“对制度需求的转变是由要素与产品的相对价格的变化所引致的”。林毅夫（1989）把“要素和产品相对价格的长期变动”作为制度不均衡的主要原因。在实践中这种观点也被证实。诺斯和托马斯（1971）在对西欧庄园制的变迁研究中发现，土地和劳动力相对价格的变动在西欧庄园制的兴衰变迁中发挥了关键作用，制度变迁是对劳动力—土地价格率变化的回应。德姆塞茨（1967）认为，北美印第安人私有产权制度的形成直接动因在于皮毛贸易导致的皮毛价格上涨。速水（1969）提出印度尼西亚1868~1928年土地制度变迁的根本原因在于土地价格相对于工资率的上升。而从社会的历史变迁中也能发现这一规律性变化。奴隶社会，劳动力相对于广阔的土地显得稀缺，此时产权制度的核心是奴隶（劳动力）的保护。到了封建社会，人口增加使得土地稀缺，因此这种制度是以土地的地主私有为核心。资本主义社会，机器、技术、资本等现代生产要素的使用提高了生产率，这使得资本的价格上涨，因此保护资本私有产权的制度建立与强化。

通过上述分析可以得出：要素相对价格的变动是制度变迁

的根本动因。本章将在这个理论假设下，构建一个要素相对价格变动——制度变迁的理论模型，分析中国农村集体产权的制度变迁。

第二节 要素相对价格变动
——制度创新理论假说

要素相对价格的变化并不会直接导致制度创新，它通过对制度安排的外在潜在收益、制度变迁的成本的影响，将价格变动的影响传导到对新制度安排的需求与供给上，在这个过程中，当“预期的净收益超过预期成本时，一项制度安排就会被创新”（科斯，1979）。

一、要素相对价格对新制度安排需求的影响

戴维斯和诺斯曾把制度变迁的外部收益来源分为规模经济、外部性、风险、交易费用四个方面。延用这一结论，此处研究要素价格变动如何通过诱导这四个因素的变化进而使外部潜在收益发生变化。

（一）规模经济

创新的生产与获取价格是高昂的，只有达到一定规模的生产才可以负担这种成本。为了形成创新竞争力，生产组织必然选择扩大生产规模，为规模经济的实现奠定基础，而且生产规模的扩大有助于降低生产要素价格波动对最优生产决策的影

响。此外，规模经济下有助于实现生产要素的影子价格，在生产中实现效益最大化。

（二）外部性

要素相对价格变动对外部性的影响表现在两个方面：一方面，生产要素价格的上升将产生巨大的经济收益，这有可能使公共资源的负外部性凸显，而建立清晰的产权制度是消除这种外部性的重要手段；另一方面，一些有价值却无价格的要素（如清新的空气），可以通过置于其影响范围内的相关要素的价格变动影响到外部性（如空气污染使周边土地价格下降），这会对预期收益产生影响，进而产生对现有制度创新调整的需求。

（三）风险厌恶

实现风险潜在利润需要付出巨大的信息成本，相关专业化组织获取信息的价格远低于分散的组织与个人，这使得其成本低于预期利润，专业化生产“有利可图”。因此，对于不同组织或个人在信息获取上的相对价格差异，专业化制度安排更有助于实现风险下的外部利润。此外，相关要素价格变动使得一些制度安排可以降低风险成本，产生更高的预期利润，那么这种制度安排就会被创新，保险制度就是一个典型案例。

（四）交易费用

技术的发展降低了交易中的搜寻成本、信息成本，现代通信技术使用价格的下降促进了现代交易模式（电子商务、期货）的建立与发展，这会提高组织的预期利润。此外，人力资本的价格相对于机器价格持续走高，机器对劳动的替代既可提高生产效率，又可减少交易中的议价成本与执行成本，创新现有的生产制度将产生巨大的经济效益。

二、要素相对价格对新制度安排供给的影响

从社会制度创新的角度看，政府、团体和个人是制度创新的主体，而社会科学知识、操作成本、政治环境等因素的相对价格变动会影响到这些主体对制度创新供给成本的预期，进而影响到他们对制度供给的行为决策。

（一）社会科学知识

制度创新需要社会科学知识的支撑与规范，较低的社会科学知识获取价格有助于制度的供给。一方面，社会科学知识积累可以降低制度设计的成本，减少对相关知识的研究投入，社会科学知识越丰富，新制度的设计越合理，客观上节约了制度创新的试错纠偏成本；另一方面，制度安排本身也是一种社会科学知识，一个地方的制度创新可以遵循其他地方的范例，通过制度的模仿、学习，节约制度创新的成本，缩短制度变迁的进程。

（二）操作成本

制度创新需要投入大量的人力物力，会产生由组织费用、经营费用、调整费用三部分构成的操作成本。当相关的要素价格发生变动后，这种操作成本也会变动，并对制度的创建与维系产生影响。

（三）政治环境

制度变革是一项集体行动，如果国家稳定、法制健全、政府清廉，民众就可以较低的价格获取政府服务。而通过政府公信力推动集体行动达成共识，是解决集体行动下制度变迁成效最显著的办法。当集体行动下形成新制度的组织与团体的成本

可转嫁到其他部门时，也会降低制度供给的成本。此外，如果新制度的配套制度的获取价格较低（如在已有的制度结构内创新），则可降低新制度的变革成本，有助于新制度的供给。

三、要素相对价格变动—制度变迁的动力机制

通过上述分析，我们可以构建起一个要素相对价格变动—制度变迁的逻辑结构图。在图 4-1 中，要素相对价格变动影响到外部潜在利润，改变了制度变迁成本。当制度变迁的外在潜在收益超过了制度变迁成本时，新的制度安排就会出现。从动态发展的角度看，这种制度变迁应该是螺旋上升的。第一轮制度变迁完成之后，经济稳定发展，生产的发展必然会导致对资源的竞争，在资源禀赋的约束下，要素相对价格会再次变动，新一轮的制度变迁大门被再次开启，制度变迁进入一个良性的路径依赖中。

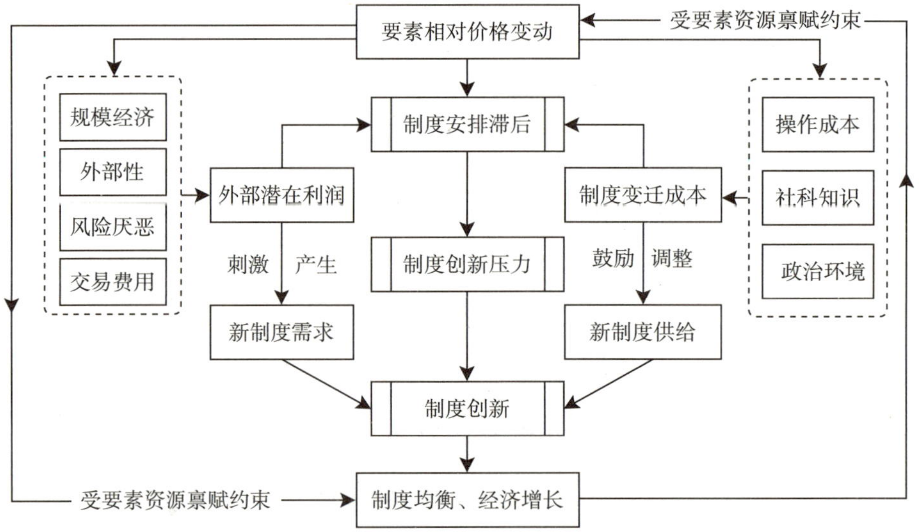

图 4-1 要素相对价格变化—制度变迁逻辑结构

第三节　基于要素价格变动视角的农村集体产权制度的创新动因分析

通过第三章的梳理发现，农村集体产权制度发展的四个阶段中，合作社/人民公社下的集体经营制度、家庭承包制、股份合作制等是其典型的制度创新模式。此处，我们基于上文的要素相对价格变动—制度变迁理论假设，对这三种典型模式的制度创新动因进行实证分析。

一、集体经营制度

中华人民共和国成立后，新政府实施的工业化战略影响到社会资源的配置，生产要素的相对价格发生了变化。一方面，工业资本稀缺，资本的价格较高；中国较大的人口基数和广阔的疆域，决定了劳动、土地等要素的相对价格较低；另一方面，西方对新中国的抵制与封锁，使得中国只能借鉴苏联等社会主义国家的经济模式，这客观上使得与社会主义计划经济相关的社会科学知识获取价格较低。

在这样的背景下，农村的集体经营显示出巨大的外部潜在利润。国家对农产品统购、对农村生产生活资料计划统销，可保证国家获取绝大部分农业生产剩余，形成国家资本积累并投入到国家工业化战略中；国家控制了土地的实际所有权之后可以无偿或低价计划调拨工业用地，将农民纳入严格的管控中可以维持劳动的低工资，这可以保持国家工业生产的低成本；集体的规模经营为农业机械化推广创造了条件，客观上为工业发展创造了市场；在集体经营下可以更有效地执行工农产品价格剪刀差，有助于工业部分产生超额利润。此外，集体经营除了创造出经济潜在利润，还蕴含着政治收益，国家是这种制度创新的最大需求方与受益者。

从制度的供给成本看，苏联的集体农庄对中华人民共和国的农业集体化具有重要影响，对苏联农村集体经营制度的借鉴与学习，降低了新制度的设计与调整成本。而且当时农地价格相对较低，分散的小农经营没有形成较大的既得利益集团，这也决定了新的制度契约达成过程中的摩擦成本相对较低。当时农民对新政府较高的信任度与支持度，使得国家行政动员成本较低，在意识形态作用下通过运动方式推进制度变迁可以节约组织费用。图 4–2 展示了中华人民共和国成立初期在合作化运动中，农村社会中由私有制到建立起集体所有、集体经营制度的变迁过程。

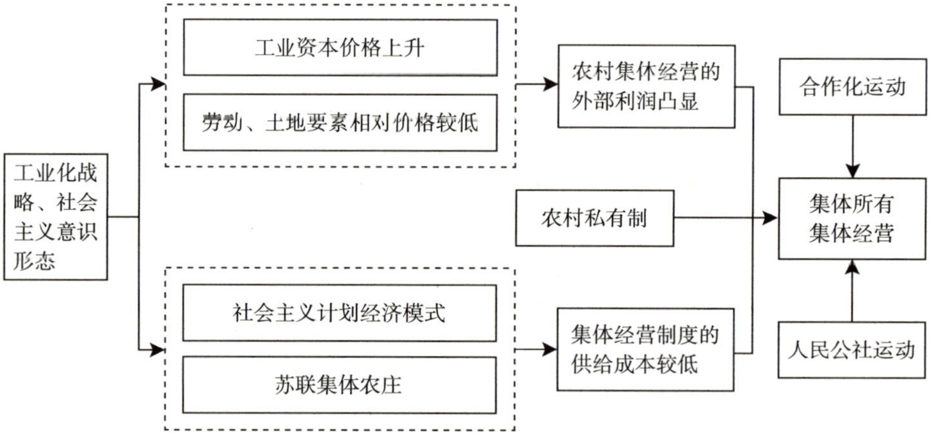

图 4–2　合作社、人民公社下集体经营制度变迁

在农村集体经营制度建立的过程中，国家工业化发展战略导致了资本要素的相对价格显著高于其他生产资料，有利于资本要素生产与节约的制度设计是符合政府利益最大化诉求的（计划经济下政府主导国民经济的一切）。而当时相对较低的农村集体经营制度设计成本，加之意识形态的作用，使得政府选择通过合作化、人民公社运动建立起农村集体经营制度成为了一种必然。

二、家庭承包制

20 世纪 70 年代末，伴随着政府工作重心重新回到经济建设上，农村改革成为一个工作重点，此时的要素相对价格已发生了新的变化。在土地的相对价格上呈现出两个极端：一方面，集体统一经营下，虽然对农地的农田水利、农机具等固定投入增加，但合作化下较低的经济激励与较高的监督成本使得劳动的有效投入不足，直接导致了农地生产率较低，农地的相对要素价格不高；另一方面，由农民自主经营的自留地的产出效率较高，自留地的相对要素价格高于集体经营土地。在劳动力的价格上，人民公社下劳动者的劳动不能自由流动与自主支配，劳动中的有效劳动不足且劳动的收益权不完整，劳动的经济价值难以充分实现，劳动的相对要素价格扭曲。此外，人民公社下科学知识的作用被低估，而后期伴随着领导层的更迭，科学技术的作用被重新定位，科学与技术的相对要素价格也发生了变化。

在这种变化的基础上，变革人民公社下的集体统一经营制度将产生巨大的外部潜在利润：对农地生产责任的“包干”，赋予农户自主生产经营权，明确土地收益的分配，可明显提高土地的产出效率；实行分户经营可以提高农户有效劳动的产出水平，农户对劳动的自由支配，可以促进劳动投入向效益最大的生产转移，有助于实现社会生产的最优；家庭经营下，农业生产的监管成本显著下降，在生产剩余的追逐中可实现生产效益的最大化；在国家放松对农村管制之后，将农村社会保障的职能赋置在农地上，由农户及集体承担，政府的农村经营管理成本下降。总体来看，变农地的集体经营为家庭经营，农户与国家都将得到这种潜在利润，是这种制度需求的主体。

从供给的角度看，"大包干"在人民公社时期就有过实践探索，以它为原型进行制度创新的设计成本较低。人民公社下的农村社区高度组织化，可以有效降低新制度的缔约成本，也使得新制度在推行中的组织成本较低。此外，农村改革涉及的利益集团较为分散，对制度抵触产生的摩擦成本较小，而当时农村改革中投入的人力、物力等要素的获取价格也较低，这有助于在总体上控制制度变革的成本。图 4-3 演示出家庭承包制在要素相对价格变动下的制度变迁路径。

在家庭承包制的制度创新中，一是在人民公社解体后，被严重扭曲的生产要素相对价格被逐步调整。人的经济价值的显著提升、土地要素价值的显现、科学技术要素的价值被重新认识是推动人民公社制到大包干、家庭联产承包到最终家庭承包制确定的根本动力。二是在人民公社体制下，政府承担了巨大的农村管控成本，而"文革"的动荡使得国民经济濒临崩溃，生产生活物质的稀缺加剧了要素价格的变动，政府的国家经营成本飙升，这使得政府急需调整城乡管理体制，而这种农村制

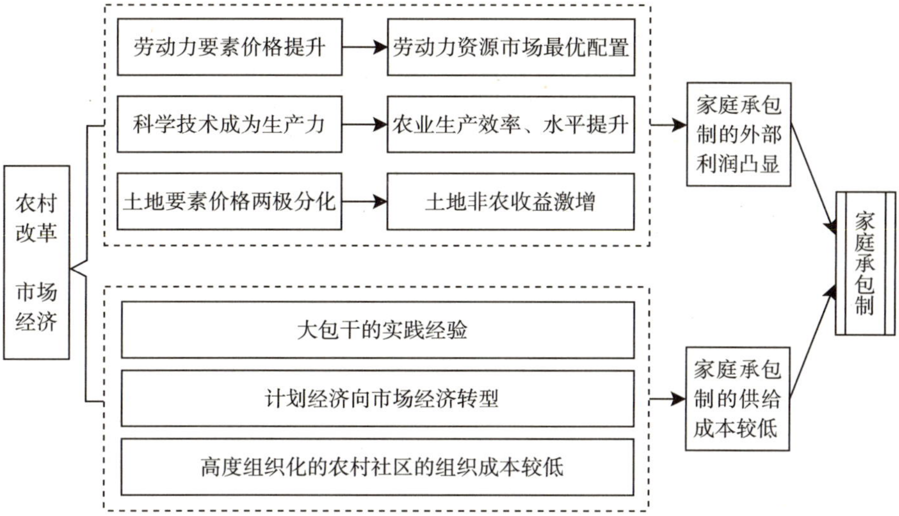

图 4-3　家庭承包制变迁路径

度的创新一定程度上缓解了政府的农村管控压力（一些学者曾将 20 世纪 80 年代的农村改革形容为政府"甩包袱"的过程）。此外，中央政府领导层的更迭使得国民经济由计划经济开始向市场经济转轨，政府对产权的态度由严格管控到逐步放松再到保护私有产权。这种环境下，家庭承包制改革沿着这种趋势发展，是在要素相对价格变动下节约交易与创新成本的有效方式。

三、股份合作制

伴随着中国经济的飞速发展，一些区位优势明显的农村地区的要素的相对价格再次发生了剧烈的变化。一是土地迅速增值。经济发展、城市化产生的巨大土地需求，使得沿海地区、城郊区等经济发达地区农村的土地增值收益明显，且随着土地要素越来越稀缺，土地的要素相对价格进入持续上涨的通道。二是技术与知识进步。科技进步使得生产中的应用技术的获取价格不断降低，社会科学知识的积累使社会经济活动更加理性与规范。三是农村中的资本价格上涨。农村成为城市的资本蓄水池，农村金融资源稀缺，农村、农业部门获取金融资本的成本较高，农民获取金融服务的价格较高。四是劳动的价格呈现出上涨趋势。低劳动成本的"人口红利"助推了中国经济的腾飞，但随着"刘易斯拐点"的临近，劳动力要素价格上涨趋势明显。

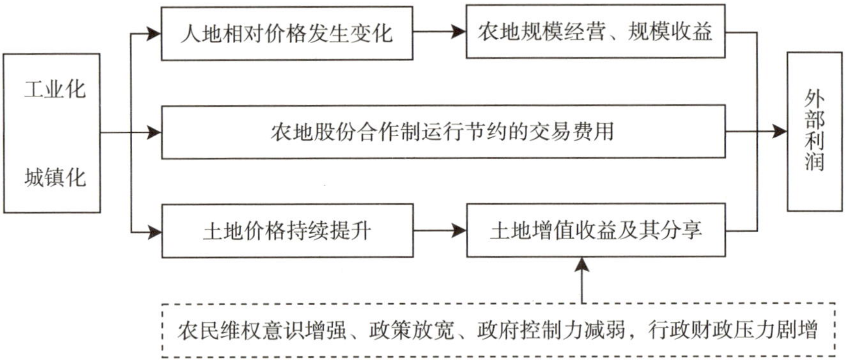

图 4-4　农地股份合作制外部利润生成

资料来源：钱忠好，曲福田. 农地股份合作制的制度经济解析 [J]. 2006.

在这种要素价格的作用下，一些农村地区将土地股权化，探索出农地股份合作的制度安排。根据钱忠好、曲福田（2006）的研究，农地股份合作制外部利润生成机制可由图 4-4 反映。本书认为，较之于家庭承包制，股份合作制设计凸显出的外部潜在利润表现为：土地股权化之后，农户与集体可以清晰地分享土地级差地租产生的巨大超额利润，而随着土地股权的完善，农户可更有效地实现股权资本化，获取土地的资本收益；土地的集中经营，有利于利用现代技术发展规模化、专业化、集约化的现代农业，提高农业的产出效益；农民可完全从土地中解放出来，实现更有效率地安排劳动投入；股份合作制改革明晰了集体资产的产权权责，遏制了村干部对集体资产的侵蚀，缓和了农村中的干群矛盾，既减少了基础政府在处理农村问题上耗费的财物，又实现了乡村和谐治理的政治效益。

要素相对价格的变动也使得股份合作制的制度供给成本降低。随着中国市场经济的发展，对股份制、合作制等生产制度的研究不断深入，相关的法制规范不断健全，客观上降低了股份合作制在制度设计上的知识投入成本。现代信息技术的发展，降低了土地测绘、资产清查、股权界定等工作的成本，而且许多地方的农村股份合作改革的操作费用由政府负担，这使得新制度在组织实施中的变革成本大为降低。此外，政府对股份合作制改革的支持，使得这种自发形成的探索可获取更多的政府服务资源（如由政府组织改革工作组），降低了制度变革的组织成本。

在农村股份合作制的制度创新中，土地、劳动力、农村资本等要素的价格不断上涨，而技术进步提高了人类的生产能力，也加剧了这些有限的生产资源的稀缺。在这样的制度环境下，明晰农村集体产权是一种必需。从制度供给的角度看，社会发展、技术进步、法制完善等降低了制度的设计成本，而政府支持降低了组织成本，这些因素交织在一起使得当前的农村集体产权制度创新成为一种必然。

第四节　实证分析：基于要素相对价格变动的视角

上文的理论与描述性分析，提出了要素相对价格变动是推动农村集体产权制度创新动因的假说，本节将通过北京市近些年农村集体产权制度改革的数据，运用计量经济模型实证检验这一假说，分析要素价格变动对农村集体产权制度创新的影响。具体的研究思路为：首先，指标变量选取；其次，构建计量模型，选取适当的计量方法；再次，数据收集与整理，并对数据进行检验；最后，进行模型估计，对数据结果进行分析。

一、指标变量选取

根据前文假说——要素相对价格变动是诱发制度创新的重要动因，将其拓展到农村集体产权制度创新中，则可以理解为：在农村集体产权的制度变迁中，随着要素相对价格变动，这种制度变革的范围与程度不断加深，要素相对价格变动推动了农村集体产权制度创新。从这个角度出发，验证前文假说需要通过两个变量来考察：一是要素相对价格衡量指标，本书着重考虑土地和劳动力相对价格的变动。因为当前的农村集体产权制度创新主要发生在经济区域优势较好的农村地区，土地非农化是这些地区集体资产增值的根本，因此衡量土地这个生产要素的价格时，综合考虑数据获得的完整性与可获取性，选取评价地区近些年商品房均价作为衡量指标。劳动力要素相对价格也是如此，以这些地区农村人均纯收入中的工资性收入为衡量指标。二是农村集体产权制度变迁衡量指标的选取，此处构建了一个改革完成率指标，由一个区（县）当年已完成农村集体产权制度改革的农村占当地总的农村集体经济组织的比重来描述，它可以刻画出农村集体产权制度创新的完成进度与范围。图 4-5 刻画了北京市昌平区从 2003 年开始推动农村集体产权制度改革以来，近十年来相对房价、农民相对工资性收入与改革完成率的变化，从中不难发现，改革完成率与相对房价、农民相对工资性收入同步提升的趋势较为明显。

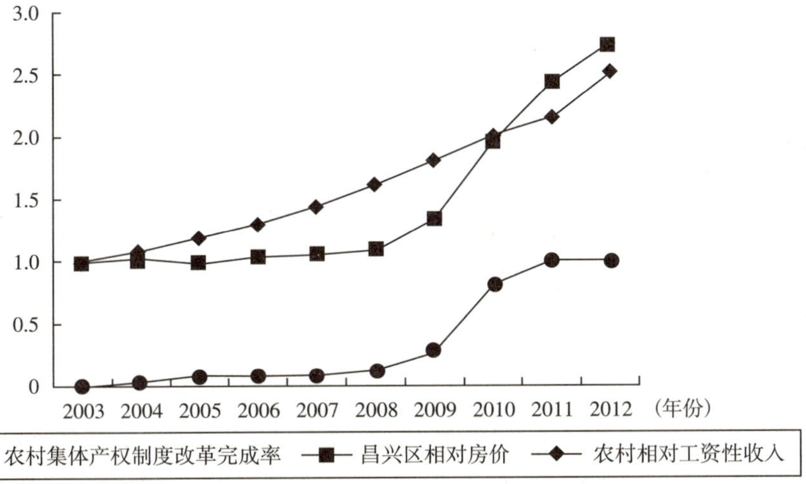

图 4-5　农村集体产权制度改革完成率与相对房价、农民相对工资性收入变化

具体地，土地要素相对价格利用某一地区的平均土地出让价格除以其余所有样本地区的平均土地出让价格得到。用 Rlp_j 表示 j 地区的土地要素相对价格，Rhw_j 表示 j 地区的劳动力要素相对价格，其计算公式为：

$$Rlp_j = \frac{lp_j}{\sum_{j \neq i} lp_j / n-1} = \frac{(n-1)\,lp_j}{\sum_{j \neq i} lp_j}$$

$$Rhw_j = \frac{hw_j}{\sum_{j \neq i} hw_j / n-1} = \frac{(n-1)\,hw_j}{\sum_{j \neq i} hw_j}$$

此外，在分析要素相对价格变动对制度变迁的影响关系时，需要选择一些控制变量，结合分析需要，选取了城市化率、非农产业结构、财政实力、人口结构（用外来人口比例衡量）作为控制变量。

二、模型建立

为了验证要素相对价格变动对农村集体产权制度创新的影响，利用动态面板数据模型进行实证检验，设定的计量模型如下：

$$Y_{it} = \alpha + Y_{it-1} + \beta Rlp_i + \gamma Rhw_i + X_{it} + \varepsilon$$

式中，Y_{it} 表示某地区 i 在 t 时刻的农村集体产权制度改革的完成程度，Y_{it-1} 为其滞后一期的数值，以控制改革自我强化的内生冲击。Rlp_i 表示 i 地区与其他地区的土地要素相对价格，Rhw_i 表示 i 地区与其他地区劳动力要素相对价格。X_{it} 为控制变量，包括城市化水平、非农产业结构、地区财政状况、人口结构四个指标。其中，城市化水平用城市化率来表示，记作 U；非农产业结构用 GDP 中第二、第三产业比例之后表示，记作 IS；地区财政状况用地方财政收入来衡量，记作 F，分析中取对数记作 lnF；人口结构用外来人口比例衡量，记作 P；ε 表示误差项。

具体的数据变量采集中，考虑到北京市从 2003 年开始农村集体产权制度改革（2003 年之前仅有 20 个村进行试点改革），陆续在北京 12 个区县推广，截至 2012 年底 3804 个村进行了改革，完成比例高达 95.6%，农村集体产权制度创新的数据相对较新与完整，且其推进的农村股份合作制改革是当前农村集体产权制度创新最重要的制度创新模式，故在计量验证中以北京市 12 个区县 2003~2011 年的面板数据对模型进行估计。所涉数据来源于《北京农村年鉴》《北京市区域统计年鉴》《北京市财政统计年鉴》《北京市统计年鉴》北京市各区县统计年鉴和一些区县的实地调研。表 4-1 对样本变量及数据做了描述归纳。

表 4-1 指标变量选择与数据描述

变量	数据指标	观测数	均值	标准差	最小值	最大值
Y_{it}	改革完成度	90	0.335	0.368	0.006	1.000
Rlp_i	土地要素相对价格	90	1.002	0.294	0.487	3.130
Rhw_i	劳动力要素相对价格	90	1.006	0.475	0.001	2.095
U	城市化率对数值	90	0.573	0.195	0.334	0.962
IS	非农产业结构对数值	90	0.863	0.108	0.647	0.998
lnF	地方财政收入对数值	90	3.337	1.050	1.502	5.561
P	外来人口比例对数值	90	0.390	0.243	0.051	0.612

在进行实证检验之前，对样本数据做平稳性检验，以减少伪回归。本书采用 LLC 单位根的方法，对所选取的变量进行平稳性检验。通过表 4-2 的检验结果，可以看到所有变量均通过平稳性检验，可以进行计量分析。

表 4-2 变量数据的 LLC 单位根检验结果

变量	数据指标	LLC 单位根检验值	Sig.	结论
Y_{it}	改革完成度	-8.5981	0.0071	平稳
Rlp_i	土地要素相对价格	-8.0088	0.0010	平稳
Rhw_i	劳动力要素相对价格	-6.7523	0.0156	平稳
U	城市化率对数值	-3.5097	0.0008	平稳

续表

变量	数据指标	LLC 单位根检验值	Sig.	结论
IS	非农产业结构对数值	-4.4554	0.0145	平稳
lnF	地方财政收入对数值	-12.4330	0.0469	平稳
P	外来人口比例对数值	-3.0007	0.0012	平稳

三、回归结果分析

为了更好地对模型进行拟合分析，对数据模型分别进行静态面板数据拟合和动态模型拟合。静态面板数据拟合采用直接的最小二乘法回归，动态模型拟合采用系统 GMM（SYS GMM）估计方法。回归结果如表 4-3 所示。

表 4-3 要素相对价格变动对农村集体产权制度改革的影响

自变量	符号	OLS 回归结果	SYS GMM 回归结果
滞后一期改革完成率	Y_{it-1}		0.310*** (0.049)
土地要素相对价格	Rlp_i	0.524*** (0.106)	0.601*** (0.076)
劳动力要素相对价格	Rhw_i	0.325*** (0.037)	0.278*** (0.023)
城市化率对数值	U	0.421** (0.018)	0.435*** (0.009)
非农产业结构对数值	IS	0.106 (0.011)	0.086 (0.001)
地方财政收入对数值	lnF	0.121** (0.147)	0.102*** (0.153)
外来人口比例对数值	P	0.200 (0.035)	0.213 (0.016)
常数项	ε	0.675*** (0.106)	0.589*** (0.043)
调整后 R^2	—	0.8424	—
Hausman 值	—	70.44	—

续表

自变量	符号	OLS 回归结果	SYS GMM 回归结果
Sargan 值	—	—	13.67 (1.000)

注：Y_{it-1} 表示改革完成度滞后一期的值。过渡性识别采用 Sargan 值检验，其原假设为模型估计所选取的工具变量合理，此处认为 Sargan 值的 P 值大于 5%即可接受原假设。括号内对应的伴随概率统计值，* 表示显著性水平为 1%，** 表示显著性水平为 5%，*** 表示显著性水平为 10%。

模型回归结果显示：普通最小二乘法回归的调整 R^2 值分别为 0.8424，说明模型拟合效果较好。从其回归结果来看，被解释变量的滞后项都是显著的，说明农村集体产权制度改革前一期的进度对当期改革推进有影响。在 5%的显著性水平下，土地要素相对价格的变动对农村集体产权制度改革完成度的影响系数为 0.524，影响显著。劳动力要素相对价格的影响系数也达到 0.225，高于产业结构和财政支出对改革完成率的影响，这种结果与前文的理论假设相符。在系统 GMM 拟合中，Sargan 值为 13.67，表明模型不存在过度识别的问题。土地、劳动力要素相对价格对改革完成度的影响系数均为正，且通过 5%的显著性检验，说明要素相对价格变动与农村集体产权改革完成度显著正相关，符合前文理论假设。在控制变量中，城市化率、地方财政收入、非农产业比例对农村集体产权制度改革完成度具有正影响，外来人口比例对被解释变量也具有正影响，但未通过显著性检验。

结合实践看：近 10 年来，北京市各区县的农村集体产权制度创新中，土地和劳动力要素相对价格的变动对推进改革具有正影响，要素相对价格的变动推动了农村集体产权制度改革。持续走高的土地和劳动力要素相对价格，会倒逼农村集体产权制度创新。一方面，土地资源的稀缺，加剧农村中“公有私用”的土地的竞争博弈，对土地产权的界定势在必行，而土地非农化带来的集体资产的增值，既成为农村集体产权制度变革的动因，也有助于集体承担制度变革的成本；另一方面，劳动力生产要素相对价格的上涨，体现了人的经济价值的提升与更加精细的社会分工，“农民”已由“身份”向“职业”转变。在这种背景下，集体成员对集体的依赖不断减弱。在集体资产共有的制度约束下，村民共有的资产难以分割与转移，这限制了集体成员的自由流动与自我价值最大化的实现，必须用现代产权制度保障集体成员的财产权利，才能引导农民劳动力自由流动，实现效益最大化。此外，农业劳动力要素相对价格的走高，倒逼着传统农业向规模化、专业化的现代农业方向升级，这客观上也要求通过农村集体产权制度创新推进土地流转、农村劳动力转移、农业生产资源市场配置、现代农业经营模式转型等，劳动力要素相对价格变动成为推动农村集体产权制度创新的重要动力。

第五节　本章小结

通过北京市近10年农村集体产权制度创新的区县面板数据的实证研究，发现土地和劳动力要素相对价格的变动与农村集体产权改革完成度显著正相关，要素相对价格的变动在推进农村集体产权制度改革中发挥了重要作用。对中国农村土地制度的三个阶段变迁过程的分析，证实要素相对价格的变动是推进农村集体产权制度创新的原动力。在农村集体产权制度的创新过程中，无论其制度变迁形式是政府推动、市场诱致或是两者兼有，要素相对价格是其前提动因。这验证了本书的理论假设：要素相对价格变动影响到外部潜在利润，改变了制度变迁成本，当制度变迁的外在潜在收益超过了制度变迁成本时，新的制度安排就会出现。

需要注意的是，当前农村集体产权制度创新表现为一种由政府强制向市场诱致的趋势，而这种趋势与中国的价格管制放松的趋势是相吻合的。这说明，当要素价格更多受政府管控出现价格扭曲时，政府产生巨大的制度创新需求，使得其更愿意用行政手段推动制度变迁。当要素价格由市场决定时，个体、企业等微观经济主体对制度创新的需求更旺盛，制度创新更多表现为自下而上的市场诱致性。

在新型城镇化战略实施中，要素的相对价格仍将变动，特别是土地资源稀缺程度的加剧，将对我国农村集体产权制度创新产生持续的压力。因此，在未来的制度创新中，一方面，政府应该统筹考虑不同时期、不同地区要素价格变化趋势，形成一个农村集体产权制度创新的路线图，这样既可以减少制度不均衡时的效率损耗，又可以减少制度创新的时滞；另一方面，要完善要素价格的市场形成机制，使得生产要素价格的变动与其经济发展中的价值相吻合，充分发挥要素相对价格变动诱导推动制度创新中的功效。

第五章

农村集体产权制度创新的演进过程分析：政府与农户的动态博弈

前文分析发现，生产要素相对价格的变动，使得制度创新的外部利润凸显，而现有的制度下无法使各方更好地分享到这种外部利润，在这种制度创新需求的激励下，各方开始就成本—收益进行讨价还价，以实现各自利益最大化，而这种制度创新中的利益博弈是促成制度由不均衡向均衡转变的必备环节。因此，这一章我们将重点考虑两个问题：一是农村集体产权制度如何进入到一个新的制度路径中，如何用博弈论的视角分析这种演进过程？二是在这种制度博弈中，各方能否都实现效益最大化，哪些因素又会最终影响到制度博弈均衡的实现？

第一节　农村集体产权制度创新的动态博弈模型构建

回顾农村集体产权的制度变迁历史，不难发现农村集体产权的构建、演变的过程就是政府与农户关系调整的过程，政府与农户的博弈推动了农村集体产权制度的创新发展。

计划经济时代，政府的意志决定了一切，也决定了集体产权制度变迁中农民只能处在从属地位。合作化运动中，政府的强制性推动完成了集体产权的构建，政府的强势使得农民在博弈中没有太多选择的余地。人民公社时期，政府对社会经济的权利控制达到顶峰，这时期农村集体产权制度创新的演变完全由政府决定，在意识形态的作用下，农民的意见既不敢表达也没人在意。在这两个阶段的农村产权制度变迁中，政府虽然通过对农村的管控推动了国家工业化战略的实施，但其也承受了高昂的成本，经济衰退使得国家财政濒临崩溃，政府借助于政治运动维持农村社会稳定，由此产生的巨大社会成本进一步加剧了国民经济的衰退。这也说明，博弈双方不能公平开展博弈的背景下，最终的博弈结果不是最有效的。改革开放之后，随着计划经济向市场经济转变，国家对农村也由产权管控向产权放松转变。农村集体产权制度经历了家庭承包制、股份合作制等形式的创新，农民在制度变迁中的地位也不断提高，而政府在这个过程中逐步由权利分配者向契约者转变。政府角色的转变，保证了这一时期农村集体产权制度变迁的均衡有效性与稳定性，这为其产生出巨大的经济社会效益奠定了基础。

总体上讲，农村集体产权制度创新是政府与旧制度既得利益者、新制度潜在受益者之间的均衡博弈结果。从博弈论的视角分析集体产权制度的改革进程，可以有效地解读出农村集体产权制度变迁的内在机理和制度逻辑。下文中我们将构建一个不完全信息下的动态博弈模型，分析农村集体产权制度的变迁过程，探讨政府与集体成员在制度创新中的博弈行为及制度选择。

一、博弈假设

（1）理性经济人。博弈主体的经济决策都是理性的，农户追求收入效益最大化，政府追求目标决策最优化。

（2）风险中性。博弈主体对风险的态度是中性的，各方的决策都是基于理性预期做出的。

（3）收益综合性。政府在博弈中既追求一般经济效益，也看重政治效益，更需要考虑决策的社会效应。政府推动农村集体产权制度创新，可以保证社会总产出最大化与政府决策收益最优化保持一致。为便于分析，模型中政府收益用税收表示[①]。对于农村集体成员而言，其收益主要是集体产权制度创新带来的经济收益与权益的增加。

（4）行为主体差异性。集体成员间的行为决策不是完全一致的，由于他们在资源获取、权利控制、风险抵御中的行为不对称，他们的决策行为是存在差异的。当前的农村集体产权制度创新中，村干部、既得利益者、能人大户、普通农户等对待改革的看法是不一致的。

（5）不完全信息假设。由于集体成员间的策略性行为是存

---

① 政府推进农村产权制度改革的根本目的是在维护农村稳定的前提下促进农村经济社会发展，在实现社会总产出最大化的同时提高人民收入水平，获取更多的政治支持。从这个角度来看，可以用税收衡量政府农村制度创新的政治收益：一方面，农村经济的发展、人民收入水平的提高会带动全社会第一、第二、第三产业的发展，社会总产出的增加会使政府的正税收增加；另一方面，农村社会稳定和谐减少了政府在农村维稳中的税收支付，而且农村集体成员之间以及与政府对抗、谈判中的资源耗费被转移到经济建设中也会促进经济发展，最终也会增加政府的税收。

在差异的，参与者仅了解自己的策略类型，但对其他参与者的决策类型不了解。

二、博弈的基本要素

（一）参与主体

在农村集体产权制度创新中，参与博弈的有两大主体：一类是政府，它是制度变革的执行者与维护者；另一类是农村集体成员，他们直接受到农村产权制度创新的影响，是制度变革的推动者与受益者。假设一个农村集体中有 n 个集体成员 [$n \in (1, 2, 3, \cdots, N)$]。考虑到农村集体成员的行为主体差异性，本书简单地将集体成员区分为两类：一类集体成员预期一项新的农村集体产权制度可以使他们获取收益，即他们认为 $r_i = 1$；另一类集体成员则认为新制度只会侵害到他们的既得利益，不会使他们的福利增加，表示为 $r_i = 0$（$i \in N$，r_i 表示集体成员的行为类型），$T_i = [0, 1]$ 表示农村集体成员的类型集合。

（二）博弈主体的策略空间

在农村集体产权制度创新的博弈过程中，政府与集体成员都面临着各自的策略选择。对于集体成员而言，他们对集体产权制度创新态度分为赞成与反对两种。若用 e_i 表示集体成员的行为策略，则 $e_i = 1$ 表示集体成员 i 赞成并要求政府推进集体产权制度创新，$e_i = 0$ 表示其反对或不申请集体产权创新，$s_i = [0, 1]$ 表示农村集体成员的策略集合。

对于政府而言，其也面临着推进产权改革和不进行改革两种纯策略。$g = 1$ 表示政府愿意推进农村集体产权制度改革，$g = 0$ 表示政府不进行改革，$G = [0, 1]$ 表示政府的策略集合。

（三）博弈模型的参数设定[①]

（1）农村集体成员。考虑到集体成员行为主体的差异性，用 m 表示集体成员 i 是 $r_i=1$ 类型的概率，$1-m$ 表示 $r_i=0$ 类型的概率，即 $P(r_i=1)=m$，$P(r_i=0)=1-m$，设集体成员中属于 $r_i=1$ 类型的总人数为 α。在进一步考虑集体成员申请集体产权制度改革的行为，此处用 δ 表示集体成员 i 申请农村集体产权创新和不申请的混合决策，具体其可以表示为 $\delta_i=[P(e_i=1|r_i=1),\ P(e_i=0|r_i=0)]$，或直接表示为 $\delta_{(r_i)}=P(e_i=1|r_i)$，其含义为集体成员中申请农村集体产权制度创新的概率表述。如果简单地将集体成员申请（不申请）集体产权制度创新看作纯策略，那么 $\delta_i=(0,\ 1)$，可以将 e_i 理解为纯策略组合下的 δ 的退化表示。令集合 $F=F(\delta)=[e_i=1,\ i\in(1,\ 2,\ 3,\ \cdots,\ n)]$，表示农村集体成员中向政府申请集体产权制度改革的行为人集合。假设集合 F 中共有 β 个行为项，即有 β 个人要求政府进行农村集体产权制度改革。而集体成员推动制度创新是要付出成本的，如向政府表达意愿需要开支、表达对当前政策的不满也需要付出成本等。因此假设集体成员的要求改革的成本是 c_i，且每个人为要求改革付出的成本相同。

（2）政府。实践中，政府推动农村改革是基于对改革的需求做出的，简单讲，要求农村集体产权制度创新的呼声越高，政府越倾向于推进制度创新。从这个角度看，在农村集体产权制度创新的博弈中，政府的决策行为受到集体成员中要求改革

① 此处博弈模型的假设与后文的模型收益分析借鉴了李军林在《策略互动与产权界定》一文中的模型参数设定研究成果。在实际分析中结合农村集体产权制度创新的特征进行了改进。

的人数多寡的影响。因此，政府的决策策略可记作 g（F）。其中 g（F）= 1 表示政府进行农村集体产权制度改革，g（F）= 0 表示政府不会推进改革。进一步考虑政府在改革中的成本收益，假设政府改革之后可从每个改革受益者中获取 t 的税收收益，若 α 表示个人收益，则政府的改革收益可记为 $R_g = t \times \alpha$。政府为推进农村集体产权制度改革需要付出的成本记为 c′，则政府在这种制度变迁中的净收益为 $t \times \alpha - c'$。

三、博弈模型的构建

在农村集体产权制度创新的不同阶段，政府与农户的博弈过程是不同的。在集体产权制度构建之初，国家在计划经济体制下实行严格的产权管制，政府主导与决定了产权制度创新的全过程，政府与农户间的博弈实际上是以政府强制推行、农户被动接受为基础的。实行市场经济之后，政府对农村的产权管制逐渐放松，集体成员在农村集体产权制度创新中的能力不断增强，政府与集体成员在集体产权制度创新中的博弈逐渐实现了权利的对等。当前，农村市场改革更加深入，农村集体产权制度创新已成为市场诱致性的制度变迁，基层农户对新制度的探索与追逐成为了制度创新的重要原动力。因此，本书在分析当前农村集体产权制度创新中的农户与政府的动态博弈时，认为集体成员/农户是农村集体产权制度创新的始动者，政府与农户在集体产权制度创新中的博弈行为是在现行制度框架约束下，由农户先进行行为选择，政府再采取相应的应对措施，政府与农户的行为有着先后顺序，且这种博弈是一个动态调整的过程。

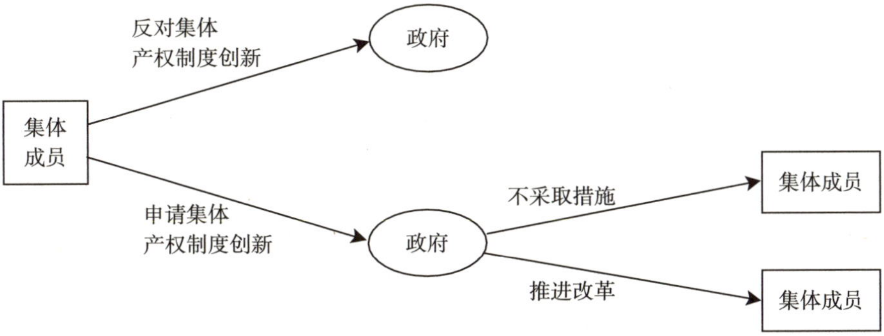

图 5-1　政府与集体成员的博弈树

在以上假定下，我们可以通过博弈树对博弈模型做一简单描述。集体成员/农户作为参与人先行动，根据其所处的经济环境、个人禀赋等决定在农村集体产权制度创新活动中的行为模式。然后政府根据集体成员的团体行动决策，通过出台政府、法律监管、行政干预等手段来选择政府的行为。随着博弈环境的不断变化，农户与政府也会在博弈过程中不断调整修订自己的行为决策，直至双方达到一个博弈均衡点，最终实现集体产权制度创新。

在不完全信息动态博弈中，通过海萨尼转化可以将其转变为完全但不完美信息动态博弈。表 5-1 即为政府和集体成员在制度创新博弈中的纯策略组合。

表 5-1　农村集体产权制度改革博弈收益表

		集体成员行动决策			
政府决策		$e_i=1$		$e_i=0$	
		$r_i=1$	$r_i=0$	$r_i=1$	$r_i=0$
	g=1	$[(1-t)-c_i,\ t\times\alpha-c']$	$[-c_i,\ t\times\alpha-c']$	$[1-t,\ t\times\alpha-c']$	$[0,\ t\times\alpha-c']$
	g=0	$[(1-t)-c_i,\ 0]$	$[-c_i,\ 0]$	$[1-t,\ 0]$	$[0,\ 0]$

表 5-1 列出了政府、集体成员在不同博弈纯策略下的收益，但如前分析，集体成员间的行动存在着差异，其行动策略只能是混合策略。信息不完全下，政府无法完全获取集体成员行动信息，因此，我们要用期望效益来表述博弈主体的效益。

记 u_g 为政府的策略结构，则政府的期望收益 f_g（M，δ）=［u_g|P］，其中 P 表示政府对农村集体产权改革收益人群 α 的后验概率。根据贝叶斯逆概率公式知：

$$P=\frac{p(M|\alpha,\ \delta)\times p(\alpha|m,\ n)}{\sum_{\alpha=0}^{n}p(M|\alpha,\ \delta)\times p(\alpha|m,\ n)}$$

式中，α 表示制度创新收益总人数，δ 表示集体成员 i 申请集体产权制度创新（$e_i=1$）的混合策略，M 表示向政府产权制度创新的所有集体成员的集合，p（M|α，δ）表示 $r_i=1$ 中 $e_i=1$ 的概率。m 表示集体成员属于 $r_i=1$ 的概率，n 表示集体成员总人数，p（α|m，n）表示政府对集体产权改革收益人群的先验概率。

按照此前的分析，当政府决策为 g = 0 时，政府的预期收益为零。当政府决定推进改革，即 g = 1 时，它的期望收益为从每一个改革收益行动人中的税收增长加总减去改革成本：

$$f_g(M,\ \delta)=\sum_{\alpha=0}^{n}\alpha\times t\times P-c'=t\sum_{\alpha=0}^{n}\alpha\times\frac{p(M|\alpha,\ \delta)\times p(\alpha|m,\ n)}{\sum_{\alpha=0}^{n}p(M|\alpha,\ \delta)\times p(\alpha|m,\ n)}-c'$$

再考虑集体成员的收益函数。在农村集体产权制度改革的博弈中，集体成员的策略取决于集体成员的类型。记 u_i 为集体成员的收益结构，则集体成员的收益函数可以通过期望来表述，即

$f_i(r_i, e_i, g) = E(u_i | r_i, e_i, g) = (1-t)r_i \times p(M|\alpha, \delta) - c_i \times \delta_i(r_i)$

在上述条件下，根据不完全信息博弈的完美贝叶斯均衡[①]可以得出：当模型达到均衡状态时，存在一个策略组合（δ^*，g^*）和后验概率 $E[u_g|P]$ 满足：

（1）对于任意 $r_i \in (0, 1)$，必满足 $f_i(E[u_g|P], g^*) \geqslant f_i(\delta, g^*)$；

（2）既定的 δ^* 下，对于任意 A，可满足 $g^*(A) = \arg\max\{g \times f_g(g=1|E[u_g|P]), \delta^*\}$。

对于这个结论，在经济学中可解释为：在农村集体产权制度创新的博弈中，在既定限制条件下，当博弈主体达到完美贝叶斯均衡时，会表现出两种状态：一是在确定了农村集体成员和政府的行为策略集后，当双方达到博弈均衡时，集体成员 i 的策略 δ^* 可以实现最大化效益；二是集体成员行为既定后，政府根据对集体成员决策信息的掌握，在博弈均衡时，政府的最优决策 g^* 使得政府效益最大化。这两个状态与博弈均衡互为充要条件，即当实现了这两种状态时，双方的博弈达到完美贝叶斯均衡；当双方的博弈实现了完美贝叶斯均衡时，会表现为以上两种状态。

① 该定义的具体解释见张维迎《博弈论与信息经济学》一文。

第二节　农村集体产权制度创新过程的动态博弈分析

上文已构建起农村集体产权制度创新的博弈模型，那么此处我们就需要进一步分析两个问题：农村集体产权制度创新的博弈均衡解是怎样的？如何对这种博弈均衡结果进行理论解释？

一、农村集体产权制度创新的博弈均衡结果

农村集体产权制度创新中，政府与不同类型的集体成员在博弈中可以实现均衡，这种博弈均衡下存在着三种最优解：一是集体成员全部反对农村集体产权制度创新，$e_i=0$，政府不进行改革，$g=0$，此时原有的集体产权制度继续维持。二是所有人都要求改革，$e_i=1$，政府进行改革，$g=1$，一种新的制度被顺利实施。这两种策略都是纯策略集合，结果容易解释。三是需要考虑集体成员间的行为策略差异，即不同的集体成员其 e_i 是不同的，集体成员的行为决策表现为混合策略，政府在做决策时需要充分考虑 r_i 与 e_i，其结果是一种对称混合策略均衡[①]（Symmetric Mixed-strategy），这种状态更贴合农村集体产权制度创新的实践，此处重点分析这种博弈均衡下政府与集体成员

① Palfrey（1984）、Rosenthal（1985）、李军林（2001）等学者在相关研究中提出过类似看法。本书在分析中，借鉴了这些学者的研究方法，并结合农村集体产权制度创新的中国特色实践进一步拓宽了这种解释结论。

的行为。

二、农村集体产权制度创新动态博弈的实践解释

回顾农村集体产权制度的历史变迁，不难发现上文构建的不完全信息下的动态博弈模型可以对中国农村集体产权制度变迁过程中的客观规律做出清晰的诠释。此处，结合农村集体产权制度改革的实践，对农村集体产权制度创新的博弈均衡结果进行实践分析。

（一）农村集体产权制度改革是政府与不同类别的集体成员的博弈

在用博弈论的方法分析制度变迁的研究中，大多数研究者都简单地将博弈各方主体看作是内部同质的，认为其可以采取一致的、统一的行动与另一方博弈。如在研究土地流转制度中的政府与农户博弈行为中，把分散的农户的决策行为简单地看作是相同的，这虽然简化了经济分析过程，但也使得这种研究结论与现实存在差距。首先，政府并不是同质的，中央政府与基层政府、地方政府就有着不同的利益诉求，特别是在中央与地方分权之后，各级政府间的利益博弈也影响到农村制度变迁。刘金海（2003）的研究表明，集体财产权利的形成是国家、集体、农民的博弈演化过程，国家与集体关系的转变在构造集体产权中发挥了重要的作用。其次，农户间的差异性也决定了博弈中农户的行为策略很难达到一致。申静、王汉生（2005）的研究表明，农村集体产权制度尽管是一项自上而下的制度安排，但“集体成员间权利分享”中对它的主观构建是核心。

从这些研究结论出发，博弈模型构建之初提出两点假设：

博弈的主体是政府与集体成员，集体成员分为两类——改革收益群体和未能收益群体。这种假设的实践意义在于：首先，当前农村集体产权制度创新的一个大的方向是政府逐渐放松对集体产权的控制，引导农村建立产权明晰的制度。在这个过程中，政府权力的收缩与农村集体成员权力的扩张成为一种事实表现，政府与集体成员间的利益博弈决定了农村集体产权制度改革的进程。其次，当前农村集体产权制度改革中，政府越来越多地发挥基本制度界定、改革推进、新制度执行与保护功能，其在改革中的利益诉求也从之前的看重财政税收增加的直接经济效益转变为看重政治效益、社会效益。这一变化趋势使得政府虽然在制度变迁博弈中发挥重要影响，但集体成员间的“讨价还价”对制度变迁起到了决定作用。再次，集体成员间的利益博弈成为农村集体产权制度创新的核心。随着农村经济的发展，农村集体成员间在个人行为能力、资源占有、权利控制上的差异不断扩大，这种差异使得其对改革的行动决策不同。这种集体成员内部的行动策略不一致，决定了改革中集体成员间的利益博弈成为影响改革进程的核心因素。最后，集体成员的博弈行动在先，政府的行为决策在后，农村集体产权制度改革的博弈均衡是一种由集体成员内部均衡到政府与集体成员外部均衡的过程。从这个分析看，本书的假设与当前农村集体产权制度创新的大环境是一致的。

（二）集体成员的行为决策能力越强，其与政府就产权制度创新的博弈越频繁

农村集体产权制度创新的预期结果是赋予集体成员更加清晰完备的产权，如果集体成员有能力经营利用好产权，那么他会积极申请集体产权制度改革，进而实现福利增进，反之则积极性不强。从这个角度看，当集体成员的行为决策能力显著提升后，他们希望政府在下一期赋予更多的产权，且对制度创新的预期越高，使得集体成员与政府在集体产权上的博弈越频繁。

实践中，从地域发展差异的纵向对比看，东部沿海地区农户的经营能力、市场意识等显著强于中西部地区的农村，使得东部地区农村产权制度创新明显快于中西部地区，像农村股份合作制、合作社、土地流转等形式的农村改革都是源于东部地区。从农村制度变迁的纵向发展历史看，家庭承包制改革使农户获取了劳动自由支配权和一定的生产自主权，农户的个人经营决策能力较人民公社时期发生了显著改变，这也是家庭承包制能迅速在全国推进且仍是当前重要农村制度的原因。当前的农村股份合作制改革中，市场化改革使得农村集体成员的经济价值加速提升，农户的行为决策能力更加市场化，他们一方面期望集体经济能形成稳定清晰的财产收入预期，另一方面希望获取更多资源与权力以便更好地开展经营决策，这种预期的增加使得他们在争取集体产权制度创新中的积极性大增，推进了改革的进程。

（三）博弈行为主体的一致性支持是农村集体产权制度实现均衡的前提保证

在农村集体产权制度创新的动态博弈模型中，若 $r_i = 0$ 的人不能从改革中收益，那么他肯定不会去主动要求集体产权制度改革，其最优策略必是 $\delta_i = 0$。根据表 5-1 的博弈收益分析，当 $r_i = 0$、$e_i = 1$ 时，集体成员的收益 $u_i = -c_i < 0$，当 $r_i = 0$、$e_i = 0$ 时，集体成员的收益 $u_i = 0$。在理性行为人的假设下，若 $r_i = 0$，

其必然选择 $e_i = 0$，即 $\delta_i^*(0) = 0$，这个等式的成立与 (δ^*, g^*) 无关。这就意味着，当实现了完美贝叶斯均衡时，对于任意集体成员，其最优策略集是相同的，即 $\delta_i^* = \delta_j^*$。博弈均衡实现的一个重要特征是所有行为人都采取了相同的混合策略，博弈结果是在行为人一致性支持下实现的。

这一结论的经济学意义在于：农村集体产权制度创新的顺利实现需要行为人的一致性支持。而这种一致性支持的博弈结果并不是简单的博弈之初的某一方的利益诉求，而是各方利益均衡下的一个混合策略，这种策略是得到一致性（至少是绝大多数）行为人支持的。也就是说，博弈行为主体的一致性支持是农村集体产权制度实现均衡的前提保证。

结合农村集体产权制度创新的实践，不难发现这一结论具有重要的现实意义。在家庭承包制的改革中，土地分田到户、家庭经营反映了农户的利益诉求，政府对农业生产经营的宏观管理与调控体现了政府在农村管控中的权威，家庭联产承包经营的制度设计得到了政府与农户的认可，取得了一致性的支持，保证了这一制度的顺利推进。从根本上讲，任何一项制度创新都难以实现所有人的帕累托最优，行为人不断对自己的最优策略进行调整，最终达成一个绝大多数人都支持的策略仍然可以实现帕累托改进，这种博弈下仍可以实现制度的均衡，对于农村集体产权制度创新也是如此。

（四）集体成员对改革的呼声越高，政府越倾向于改革

在对称贝叶斯均衡下，若 $t \times \beta > c'$，必然满足 $M \in W(g^*)$。$M \in W$ 指所有申请集体产权改革的集体成员在政府决定推进改革后，可以使政府的收益增加。这意味着当有足够多的集体成员要求推进集体产权改革时，即 $\beta > c'/t$ 时，政府推进产权制度改革就会获益，此时政府的最优博弈策略是推进农村集体产权制度改革。

按照上述结论，知 $\beta > c'/t$ 时，$g^* = 1$。此时 $f_g(1|\beta, q)>0$，且随着 β 的增大，政府的期望收益至少不会减少，即 $f_g(1|\beta+1, q)>0$。假设 z 是政府采取改革决策的临界值，则当 $z \geqslant \beta$ 时，$f_g(1|z, q)>0$，$g^*=1$；当 $z<\beta$ 时，$f_g(1|z, q)=0$，$g^*=0$（在理性行为人的假设下，政府不会使期望收益小于零，即 $f_g(1|z, q)<0$ 无意义）。所以可以得出：在完美贝叶斯均衡下，政府的决策依存于集体成员行为决策集合的临界值 z，当 $z \geqslant \beta$ 时，$g^*(\delta)=1$；当 $z<\beta$ 时，$g^*(\delta)=0$。

这个结论的经济学解释是：当集体成员中要求改革的人数超过一个临界值（$t \times \beta > c'$）时，即政府的最终改革收益大于其成本时，政府便会进行改革。政府的改革决策与集体成员要求改革的决策正相关，集体成员要求改革的频率越高，政府越倾向于集体产权制度创新。

周其仁（2002）曾指出，“当新兴产权主体及其代理人的集体行动，强大到可以迫使政府及其代理人只有通过保护产权来谋求自身利益的时候，才有可能出现一个双方对立的结果”。在农村集体产权制度创新的实践中，经济环境的变化使得外部利润凸显，随着集体成员行为决策能力的提升，他们对分享这种外部利润的期望增大，一旦他们在博弈中形成了改革的共识，就会形成一个一致性行动团体，当这个团体的影响足够大时，政府就会进行改革，诱致性制度变迁的实质就是这样一种博弈过程。

以农村股份合作制改革为例，传统的集体资产收益分配由村干部、势力集团决定，对于普通的集体成员存在着不公平与不透明，农户的不满使得他们迫切希望进行分配制度创新。而将共有的集体产权变为“按股所有”的个人产权可以缓解集体收益分配中的不公平现象。随着这种制度创新被越来越多的农户所接受，要求进行股份合作制改革的一致性行动团体就会结成，且随着这个团体影响力的扩大，政府也越来越倾向支持这种改革，当达到一定值时，政府会推动农村股份合作制改革，并通过法律、政治手段去保护和强化这项制度创新。

（五）在农村集体产权制度改革的博弈均衡下，政府与集体成员的福利都会增进

由完美贝叶斯均衡知，博弈主体都是理性的，这说明在理性决策下，集体成员与政府的最优策略带来的期望效用非负。当政府与集体成员实现博弈均衡后，双方的收益都是非负的，实现了效益共增。若政府的最优策略是进行集体产权制度改革，说明农村对制度创新的需求较旺盛，在这个基础上，改革赋予了集体成员更多的产权。

有效的产权是经济发展的基石，农村集体产权创新为农民增收、区域经济发展创造了条件。虽然这种制度调整也会触动既得利益集团的收益，但在大的经济发展环境下，他们也可以通过集体经济发展获取收益，而且这些既得利益集团一般都是农村中的能人，产权改革可以进一步激发他们发展经济的能动性，为他们的生产经营赋予了更多的便利。而且从成本的角度考虑，拥护改革的行动者越多，反对改革付出的成本越大，当成本大到其既得利益都无法弥补时，他们也会支持改革，以实现利益最大化。对于政府来讲，通过改革，农村社会稳定为其创造了社会效益，对政府拥护度的提升为其创造了政治效益，农村经济的发展带来的国民经济发展为其创造了财政效益，在扣除了其推动改革的成本之后，政府也可以实现效益最大化。

反过来讲，非均衡博弈下的集体产权制度变迁下，是无法保证政府与集体成员的效益共增的。从农村改革博弈均衡的角度来看，人民公社运动并不是政府和农民的最优行为决策，政府和农民在不对等的博弈下，没有实现最优决策，双方都没有实现效益最大化，反而都付出了巨大的成本。这也说明，只有博弈双方都实现了最优决策，才能使各方利益最大化。

第三节　典型案例检验
——以北京市D村农村集体产权制度创新为例

下面的案例分析旨在说明农村集体产权制度创新中，政府与不同类型的集体成员是如何实现博弈均衡、实现利益最大化的，对上文提出的理论做一验证与应用。分析从三个方面展开：一是政府与集体成员提出集体产权制度改革的动机是什么？二是在集体内部，不同类型的集体成员的博弈是如何影响改革进程的？三是在改革博弈中，政府与集体成员如何实现效益最大化？

一、北京市D村发展概况

D村位于北京市昌平区南部，距北京市市中心28千米，交通便利，区位优势明显。2011年，D村全村共485户，常住人口1609人，其中外来人口930人。户籍人口678人，其中非农业人口262人，农业人口416人。近些年，随着北京城市化的推进，D村经济发展迅速，2011年全村经济总收入1768万元，人均劳动所得13388元。D村拥有的1327.27亩土地中已有37%签订了50年以上的出租合同，村内耕地全部转变为建筑用地。

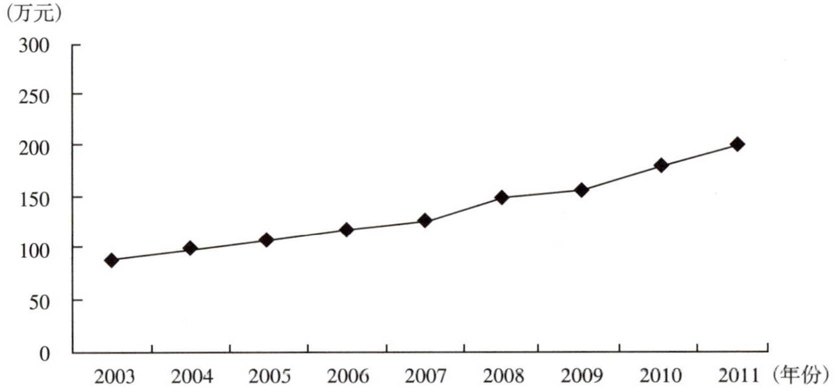

图5-2 D村村集体年收益变化情况

2004年，D村成为昌平区首批农村集体经济产权制度改革试点村，通过清产核资将集体资产折股量化到村集体和村民个人，并组建股份合作社管理经营集体资产。经过近10年的发展，改革取得了显著的成效。集体经济快速发展，村民分享到集体经济发展带来的实惠，有效解决了农村财务纠纷，维护了农村社会的稳定与和谐。如图5-2所示，改革后D村村集体收益逐年递增，目前D村村集体年收益200多万元，较改革之前翻了一番。每股股份分红达到70元，村民人均分红收入近8000元。另外，推进了农村城镇化的发展，村民已完全告别农业生产，从事第二、第三产业，生活方式实现了向市民的转变。

二、博弈均衡视角下的农村集体产权制度演进逻辑

（一）改革的提出——博弈的开始

2003年，北京市昌平区启动了农村集体经济产权改革试点工作。第一期改革试点的成功和东部沿海省份股份合作制的良好示范效应，使得区政府、镇政府提出了加快改革的步伐，2003年底，D村的集体产权制度改革被提上了日程。

当时，政府推动这场改革的直接动因是"维稳"和"发展"，而且昌平作为首都的"后花园"，维护农村社会稳定的要求更高。对于区政府，近些年，昌平区得益于优越的区位条件，所辖村庄集体资产迅速增值（见表5–2），而随着村民权利意识的增强，原有的农村集体资产管理体制下主体错位、政府与民争利等行为已成为农村矛盾的根源，由此导致的农民上访、干群冲突等问题大大增加了政府的农村管理成本。据统计，昌平区集体产权制度改革前因城市化推进导致的土地征用、房屋拆迁、土地补偿款分配等导致的信访案例占到46.8%，有30多名村党支部书记因违纪被撤职①，区政府每年为维稳与反腐付出了大量的人力物力。此外，改革可以加快推进城镇化，促进区域经济发展。昌平区是北京市重要的人口、产业承

① 资料来源于昌平区区委副书记李福忠在农村集体经济产权制度改革工作会议上的讲话。

接地，涉及大量的农村土地征用，由于利益分配机制不健全，土地征用不顺畅成为许多项目无法准时开工、交付的关键原因。而且不清晰的集体产权制度使得土地补偿款分配成为干群冲突的源头。基于上述考虑，区政府迫切希望通过农村集体产权制度改革来缓解这些问题。

表 5-2 北京市昌平区农村集体资产情况

村庄类型	村均净资产总额（万元）	其中：土地折合资产	
		金额（万元）	比例（%）
平原村	11394.9	7942.4	69.7
半山区村	13651.0	9345.3	68.5
山区村	13055.2	12045.1	92.3
均值	12055.4	8699.8	72.2

注：数据来源于昌平区 17 个乡镇的抽样问卷调查，数据为 2012 年各村统计数值。

对于镇政府而言，其“维稳”的期望更显著。镇政府是协调农村管理、解决农村冲突、维持农村和谐发展的前沿阵地，其担负的农村管理职责重大。而村民自治之后，配套法制不健全、执行监管不到位使得预期的农村稳定大打折扣，且政府对农村的行政控制能力下降①，镇政府的工作任务更加艰巨。调研中，一位镇干部提到“我曾经七天被一位老大爷（因拆迁纠纷的上访户）跟着，同吃、同住，我走到哪儿他跟到哪儿，无论做什么样的解释与沟通，他始终认为他是对的，而实际上他的要求根本无法得到法律支持，但为了不让他越级上访，我只

① 现行公务员管理体制下，村干部进入公务员队伍存在着诸多限制，政府无法为村干部提供更多的行政升迁激励，这使得政府在执行农村管理职能上缺乏有效的激励手段。

能和他耗着”。抛开事件本身的是非曲直，不难看出镇政府在执行农村管理职能中的艰辛。具体到D村，之前也发生过因土地征用的上访事件，而且每到村委换届选举，都是村里矛盾突发、关系紧张的时候，镇政府对此也疲于应付。从这个角度看，镇政府更期望通过集体产权制度创新，理顺D村的干群关系，提升村民自治的水平与能力，缓解镇政府的农村管理压力。

对于村民而言，其对改革的预期和看法就各有不同了。大多数村民都希望农村集体产权制度创新能改变当前集体财产管理混乱的现状，能够更好地分享到集体资产增值收益。他们从各自利益的角度对改革产生预期，而这种预期往往是不一致的，如部分村民希望能获得实在稳定的集体分红，有的村民则希望能将集体资产均分给个人，还有的村民希望改革能使既得利益合法化①，那些与村干部关系紧张的村民则希望改革遏制村干部的贪污腐败。改革前，村民都希望通过改革实现各自的预期目标，这使得他们都支持改革。但在改革达成一致性意见的过程中，这种利益诉求的差异就成为了村民间利益博弈的根本动因。此外，村干部这一特殊群体对改革的看法较为特殊，一方面，他们希望改革建立起良好的资产收益分配机制，减轻村庄管理的工作压力，为提升自己的工作绩效创造条件，同时也希望这种稳定的机制保障自己不在位时也能分享到公平的利益分配；另一方面，从行政权力的角度讲，集体产权制度改革

① D村属于典型的城郊村，房租收入是村民收入的重要来源，这使得这些地方的“瓦片经济”——村民私搭滥建行为盛行，而“法不责众”的错误心理也助长了这种现象的蔓延。我们称这些村民为既得利益者，与普通地区的农村相比，他们除了关注集体的财产分配，更关注这种“不合法”利益的合法化。

削弱了村干部的管控权，一定程度上也降低了村干部在农村中的威望，降低了他们参与农村管理工作的积极性。总体上讲，改革前，村民包括村干部对集体产权制度改革都抱有期望，而这种预期成为了改革利益博弈的前提与动因。

（二）改革中权与利的争夺——不同主体间的利益博弈

2003 年 11 月，D 村被确定为农村集体产权改革试点村，正式开始集体产权制度改革。未进行改革时，政府、村民等各方都对改革寄予了很高的期望，真正要进行改革时，各方的利益博弈也就开始了，在改革方案的制定中，这种利益的争夺得到了集中的体现。

按照改革程序，D 村的集体产权制度改革方案必须得到全村多数人的同意。围绕改革方案的制定，村民间的利益博弈逐渐增强。当时，D 村村民争论的焦点主要集中在四个方面：

一是改革基准日的确定。D 村改革基准日确定为 2003 年 11 月 10 日。村民王某在 11 月 19 日离世，按照规定有资格参与产权制度改革。而另一位村民 10 月去世，却不能参加产权制度改革。而且新生儿也面临着同样的问题。特别是考虑到去世老人和新生小孩对集体经济组织的贡献程度时，就会让人感觉不公平，尤其是对于当事人。此外，以 1956 年为基期算老龄的做法也引起了一些年纪较大的村民的反对。一位村干部说“当时就有老人敲着桌子指责他们，我们之前就没劳动吗，对集体就没贡献吗”。但总体上讲，这些村民的比重较小，未对改革的推进产生较大的影响。

二是集体成员身份的界定问题。村民争议最大的是“空挂户”“转非转工”“外嫁女”三个问题。“空挂户”是指户口在 D

村，但人长期不在农村，不参加村集体劳动。常住村民认为其对村集体经济贡献较小，不应该参与股份改革，而这些“空挂户”又一直是D村村民，只是因工作、生活等原因不在村内，与普通村民无区别。“转非转工”是指一些村民因为拆迁、工作调动、升学等由D村的农村户口转变为城市户口，他们有的已脱离D村融入城市生活，但还有一部分群众还是生活在D村，而且在转非之前他们一直参与集体劳动，为集体经济发展做出了贡献。“外嫁女”是指本村的女性村民在结婚后将户籍迁出了本村，成为事实上的“外来人口”，他们不能参与集体产权制度改革。相对来讲，“转非”与“外嫁女”问题涉及的村民最多，也是争议的焦点。此外，还有一小部分群众，他们很早就搬入D村，一直参与村集体经济活动，但户籍一直未迁入D村，他们认为其对D村的集体经济发展也有贡献，也应该分得一定的股份，这种看法遭到本地村民的反对，他们表示当初接受这些外来人是基于怜悯（有较早逃荒至此）、乡情（有投亲靠友）等原因，他们不应该在继续要求参与分配老祖宗留给他们的遗产。

三是股权配置的问题。按照区政府、镇政府的指导意见，在股份配比中，由户籍股（含独生子女股）和劳龄股（含土地量化股）组成，全部股份按配给对象再分为个人股和集体股。D村改革中，户籍股和劳龄股的比例是2∶8，即户籍部分占全部可量化给个人股（70%）的20%，劳龄占80%。这个配比关系也引起了不小的争议。争议最初发生在年轻人与劳龄股较多的村民间，后在确定股份可继承之后，家里老年人较少的村民也对这种股份分配不满。而对于个人股与集体股7∶3的配比比例，村干部认为村集体控制30%的集体收益分红有助于提供更好的农村公共服务，而村民有的表示理解，也有的反映这个比例偏高，他们认为“这部分钱的支配也不公开透明，还不如全部分光，然后再收取公共服务费”。

四是股权设置问题。对于村民获得的“股权”，其权利边界也是村民热议的问题。部分村民希望股权可以转让甚至退股，他们可以直接获得一笔资产来更好的生活。部分村民希望股权可以抵押，以成为其能直接掌控的一项资产。还有的村民关注股权的继承、赠予等行为。总体上讲，相对于“股权”的分配，村民对股权的边界关注还不是很多，而村干部、政府更多地考虑了这个问题，他们从村集体资产的管理经营角度认为应该对“股权”这种特殊的资产形式进行约束。首先，对股权的交易一定程度上须界定在集体的范围内，尽量杜绝本村的集体资产外流或外来资本集团吞并，影响农村社会稳定。其次，集体资产的经营需要绝对慎重，一定程度上“只能赚不能赔”，股权设置的前提是保证集体资产的安全。

以上四个问题刻画了D村在集体产权制度改革中面临的利益博弈，相较于改革前对改革都积极支持的态度，改革中各方的利益诉求明显出现了分歧，且集体成员间的决策差异成为了利益博弈的核心，政府与集体成员的博弈反倒不多，其更多扮演了利益博弈调停人的角色，当然这种调节也掺杂着政府的利益考虑。

（三）改革中利益平衡——一致性支持

随着这种利益分歧的加剧，改革的顺利推进就需要均衡各方的利益。在这个过程中，政府的协调成为D村利益平衡的关键，村民也在利益博弈中有退有进，将改革向前推进。

首先，政府成立了工作小组，保证改革程序的公正。工作小组由镇政府领导、村两委成员、村民代表组成，主要负责清产核资、量化配股、改革实施方案起草制定等工作。工作小组的成立保证了改革程序的公平公正，使得各方的利益诉求都可以被照顾到，这对引导改革中的各方博弈向最优均衡方向发展创造了条件。通过工作小组的走访与改革动员宣传，村民基本上认可了改革基准日、改革基期的认定，对于涉及的当事人，通过村干部的劝导、解释，村民间的交流沟通，他们也同意了这种认定。

其次，集体成员间的利益均衡。改革之前，集体成员的预期是不同的，都有各自的帕累托最优目标，但在集体行动中，帕累托最优一般难以实现，能够实现帕累托改进的次优选择成为各方实现博弈均衡的底线。从这个角度出发，只要集体成员在博弈中都能实现一定的福利增进，达成博弈一致性选择，改革将顺利推进。具体来看，一是在“空挂户”问题中，通过双方的协商，村里“给空挂”户下了定义，设置几个前提条件，满足这个条件的由全村村民表决通过才可以参与改革。由于D村该类人口较少，所以这个问题顺利解决。二是“转非转工”的处理。在这个问题上，村民协商后认为，“转非转工”人员不应该参与改革，原因在于：“转非转工”人员在户口迁出时，原则上已不是D村村民，已成为非农业户口，参与工作后享受国家或企业社保，村里无义务再为其提供福利，至于部分村民提出的其因为征地转非，到目前一直居住在农村，因为其所得的征地补偿中已包含具体的就业安置费，其居住在农村仍无偿享用村内公共服务，故不应该继续参与改革配股。由于这种解释合情合理，“转非转工”人员碍于人情世故也没有提出太多的争议，这个博弈结果被认可。三是“外嫁女”问题。在处理这个问题上，因为D村股份配给中，劳龄股占大部分，女性村民外嫁前在村内积累的劳龄都较少（18岁以上开始记劳龄），并已享受户口迁入地的社会福利，不应该参与集体改革配股。由于北京郊区农村的福利分红水平都相对较高，女性村民一般嫁到周边地区仍可以享受该地的福利分红。此外，由于“外嫁女”人数较多，如果将他们也纳入到改革配股范围内，村民的人均股份将减少，这样村民在综合利弊的考虑下，达成了“外嫁女”不参加配股的决议，且得到绝大多数村民的认可。四是外来人口，由于外来人口在D村居住，其已客观上享用了村内公共服务。虽然其也对村经济发展做出了贡献，集体资产主要是由土地资产构成的，如果对外来人口进行配股，那么意味着他们占有了前人留下的土地，这对于村内绝大部分村民是不公平的，所以不能进行改革配股。对于这些外来人口而言，随着改革后农村集体经济发展得更好，他们仍可以享有这种发展带来的公共福利，且可以更好地经营生产，改革可以给他们带来间接的福利，所以他们也最终赞同了这一决定。此外，对于家庭内部老年人多则配股多、年轻人配股较少、基准日后出生的新生儿没有配股等问题，这些几乎每个村民家庭都涉及，村民也知道改革是无法完全公平、无法让每个人都满意的，所以对于这些客观原因造成的利益分配差异，只能采取少数服从多数的原则通过，而村民对此虽口头抱怨，但仍然认同了这一做法。至此，村民内部的利益博弈初步达成了一致性统一，使得改革的进程向前推进了一大步。

表 5–3 D 村集体产权制度改革分阶段实施

阶段	内容	改革方式
第一阶段	准备与宣传动员	• 村两委召开产权改革学习动员会，根据镇产权改革工作手册，宣传产权改革的内涵、意义与操作步骤 • 入户宣传，发放宣传材料 • 讨论改革决议，确定改革基准日，成立 D 村产权改革工作领导小组 • 将签字后的改革决议、改革基准日及村改革领导小组名单上报镇产改办备案
第二阶段	实施阶段	• 清产核资，经村民代表大会核实、确认 • 人口、老龄登记 • 量化配股，确定个人股、集体股比例，确定个人股种类及比例 • 制度清产核资和量化配股方案，并通过村民代表大会表决 • 改革方案公示（一榜 7 天，二榜 4 天，三榜 3 天） • 组建农村社区股份合作社，成立股东大会、股东代表大会、董事会、监事会等管理机构，出台《D 村集体经济产权制度改革方案》和《D 村集体资产管理委员会章程》
第三阶段	股权证发放	• 股份合作社登记注册 • 向股东发放股权证 • 产权制度改革相关材料整理归档

注：表中内容由 D 村调研访谈及问卷调查材料整理而得。

最后，政府与集体成员的讨价还价。在 D 村改革中，政府与集体成员就改革的“讨价还价”主要集中在四个方面：一是集体股与个人股的分配比例上。政府希望改革配股中预留一部分集体股，将集体股股份收益用于村级事务管理费用支出和本村公益性事业开支，村民则希望这种留存比例越小越好。政府通过对其他试点村先例的宣传讲解、结合区政府的指导意见，最终达成 3 ∶ 7 的分配比例，总体上讲，村民对此的异议不大。二是村干部是否设立特殊奖励股。政府希望通过股份设置激发村干部发展集体经济的积极性，同时强化对农村的控制权，而这一做法遭到村民的反对，甚至一些村干部也认为这种做法不利于维护村内团结稳定，得不偿失。最终，政府放弃了干部奖励股的想法。三是设置独生子女奖励股。计划生育工作一直是基层政府工作的一个重点，政府希望通过在股权设置中增加独生子女奖励股，鼓励村民主动执行计划生育政策，同时作为对那些独生子女家庭的一种奖励以起到更好的示范作用，而且这种股权的设置还可以为将来的养老提供一定的保障。由于这种股权设置对政府和大多数集体成员是有利的，激起了村集体内部的共鸣，所以这种政府提议的“独生子女奖励股”顺利地被接受认可。四是对集体资产的经营管理。昌平区许多乡镇一直实行“村账乡（镇）管”，一定程度上限制了集体经济的自主经营。改革后，政府希望通过建立社区股份合作社，对个人股和集体股实行统一管理经营，村民则希望对集体资产的管理更加公开透明。综合政府与集体成员的考虑，改革方案确定了先制定《D村集体资产管理委员会章程》再建立社区股份合作社的程序。该《章程》需通过全体村民表决后才能生效，这样政府与集体成员的利益诉求被整合在一起，为改革的推进奠定了基础。这一阶段，政府和不同类型的集体成员就不同的利益诉求展开了博弈，通过统一改革标准与程序、政府的协调、村民间的沟通、乡规民约的约束、少数服从多数原则，各方最终达成了一个基本的一致性支持——同意推进改革，而且整体上看，各方的利益都有所增进，至少没有变差，符合帕累托增进原则，为下一阶段博弈均衡的构建奠定了基础。

（四）改革推进——博弈均衡的实现

在各方博弈达成一致性支持之后，一个能使各方都实现博弈均衡的改革方案也浮出水面，在这个方案下，D村的农村集体产权制度改革最终顺利完成，政府与集体成员都至少在预期目标的次优选择路径上实现了效益最大化，社会总福利水平提升。总体上看，D村的集体产权制度改革中博弈均衡的实现主要表现在两个方面：一是达成了量化配股方案，二是建立起D村社区股份合作社对集体资产进行运行管理。

表 5-4 D 村集体产权改革量化配股

类别	占比（%）	金额（万元）	股份类别	总股数（股）	获得人数（人）
个人股	70	3284	户籍股	13880	694
			独生子女股	1711	172
			劳龄股	10017	697
			土地量化股	77144	719
集体股	30	1407	—		
合计	100	4691	—		

注：资料来源于D村的实地调研。表中劳龄股确认时间为1956年1月1日~2003年11月10日；户籍股获得者为改革基准日在册的本村农业户口人员；个人劳龄股份计算公式为：公共积累量化资产数额70%÷全村劳龄总和×个人劳龄＝劳龄股。土地量化资产数额70%÷(全村劳龄－转非、转工等人员持有的劳龄部分)÷股金基本值×现在农村集体经济组织成员所拥有的劳龄＝土地量化股份。独生子女股按照0.5个户籍股奖励。

表5-4为经D村村民代表大会通过的量化配股表，集体净资产的30%量化到村集体，70%量化到村民个人。集体资产收益由集体资产管理委员会管理，主要用于村级事务管理费用支出和本村公益性事业开支；个人股按照D村集体资产构成及人口核查结果，分为户籍和劳龄（2∶8，即户籍部分占全部资产70%中的20%）两大部分，按户籍形成了户籍股和独生子女股，按劳龄形成了劳龄股和土地量化股。这个配股方案是在村民相互协商的基础上达成的，综合考虑了不同类型集体成员的利益诉求，政府的利益也通过集体股的配比得到考虑，是各方利益实现均衡博弈的一个重要结果。

此外，D村通过了《D村集体资产管理委员会章程》，按照章程建立起社区股份合作社，设立了股东大会、股东代表大会、董事会、监事会等管理机构。股东大会决策实行按股票决，一股一票。股东代表由各户推举，原则上每户一名。董事、董事长、监事、监事长经股东大会选举产生。董事、董事长、监事、监事长每届任期三年，可连选连任。新组建的社区股份合作社继承了村集体经济组织的全部权利和义务，社区股份合作社的现代企业管理制度，既满足了村民期望集体资产管理公开透明高效的期望，又满足了政府着力推动农村集体经济发展的需求，还提升了村民自治的水平与能力，对于各方来讲都是一种最优选择。从这个角度讲，社区股份合作社的建立及其运行机制的构建是政府与集体成员在集体产权制度改革中又一项博弈均衡的体现。

在不完全信息的动态博弈中，当博弈均衡实现后，各方的效益都是非负的。D 村的农村集体产权制度改革完成后，各方效益都有所增进。从整个昌平区看，集体产权制度改革后，信访案件逐年大幅度下降（见表 5-5），其中因拆迁、征地补偿等引起的信访案件比例下降到 6%，较改革前下降了 40 个百分点，农村社会稳定带来的政治收益、经济效益难以估量。从镇政府的角度看，改革完成后，村民因集体收益分配纠纷闹到镇政府的事件明显下降，村委换届选举中那种剑拔弩张的紧张态势大为缓解，镇政府在 D 村管理中的工作压力明显减轻。对于 D 村集体，当前村集体经济年收益 200 多万元，较改革前的 2003 年翻了一番，村民的每股分红达到 70 元，人均分红收入近 8000 元，村民充分享受了集体经济改革带来的实惠。总体来讲，这些数字的变化再次证实了在集体产权制度改革的博弈均衡下，各博弈主体是可以实现效益共增的。

表 5–5 昌平区信访案件总体情况

年份	信访总体情况		来访情况					来信情况	
	总量	同比（%）	总数		其中：集体访			件次	同比（%）
			批次	同比（%）	批次	同比（%）	占来访总量比例		
2006	3238	—	1315	—	278	—	21.1	1923	—
2007	3221	−0.5	1299	−1.2	343	23.4	26.4	1922	−0.1
2008	1739	−46.0	519	−60.0	228	−33.5	43.9	1220	−36.5
2009	1187	−31.7	480	−7.5	278	21.9	57.9	708	−42.0
2010	715	−39.8	445	−7.3	224	−19.4	50.3	270	−61.9
2011	523	−26.9	448	0.7	342	52.7	76.3	75	−72.2

注：数据由北京市昌平区信访办实地调研整理而得，2003~2006 年数据缺失。

三、对 D 村集体产权制度改革的简要评述

对 D 村集体产权制度改革案例的研究表明：农村集体产权制度的演进历程，是政府、不同类型的集体成员间互相博弈，最终在一致性支持下博弈均衡的结果。具体而言，当经济环境发生变化，现行制度无法更好地分享不断凸显的外部利润时，从政府到集体成员都希望通过改革创新来分享这种外部利润。在这种制度创新需求的激励下，政府、集体成员开始就达成改革协议“讨价还价”，当不同政府部门间、集体成员间、政府与集体成员间就不同的谈判准则（如多数原则、政府权威原则、先入为主原则等）进行权利博弈，并最终达成一致性支持时，这场改革的最优博弈均衡方案也就达成，而这个方案是推进改革创新的最优策略。而这个博弈均衡基础上的方案可以保证各主体间效益共增。

在D村改革案例研究中，其隐含的政策含义是：改革中的利益分配调整并不全是“势不两立”的，通过公开、公正的权利博弈，可实现各主体间的效益共增，改革中，政府要发挥好利益协调人的角色；制度创新是可以实现自我增进的，政府应该采取的是积极引导，而不是强制性行政推动，如当前在一些经济发展较差的农村开展股份合作制改革，其带来的经济社会效益不显著；程序公正是处理不同类型成员间的利益纠纷的前提，其效用远比具体的利益得失更重要，因此政府在处理具体的征地补偿、收益调节等群众纠纷时，要注重维护法制的权威与程序的公正，不能只靠增加经济补偿来“和稀泥”。

第四节　本章小结

本章是农村集体产权制度的演进过程分析，研究农村集体产权制度如何由不均衡步入均衡的制度路径中，解读农村集体产权制度创新过程的内在机理与构建逻辑。

我们将制度变迁的演进过程看作一个不完全信息下的动态博弈的均衡过程。通过数理转化，农村集体产权制度的变迁进程被转化为一个贝叶斯均衡模型，通过数理推导，结合农村集体产权制度的改革实践作规范分析发现：农村集体产权制度创新是政府与不同类别集体成员的博弈；集体成员的个人行为决策能力越强，其与政府就产权制度创新的博弈越频繁；博弈行为主体的一致性支持是农村集体产权制度实现均衡的前提保证；集体成员对改革的呼声越高，政府越倾向于改革；在农村集体产权制度创新的博弈均衡下，政府与集体成员的福利都会增进。通过对北京市D村农村股份合作制改革案例的四阶段分析，我们证实了这种农村集体产权制度变迁的过程假说。

从历史发展的角度看，农村集体产权制度创新的动态博弈也是变化的。在农村集体产权制度构建之初，这种权利的博弈主要发生在政府与农户间，中央政府构建起严密的产权控制，农户让渡出各项集体产权。随着计划经济向市场经济转型，农村集体产权制度创新中的博弈又表现在中央政府逐渐向地方政府放权，伴随着产权管制放松，农户与地方政府的博弈是集体产权制度创新的重点。当前，这种博弈焦点再次变化，政府逐渐淡出了制度创新的博弈，不同集体成员间的权利博弈主导了集体产权制度创新的进程。透过这种规律变化，我们可以得出这样一个结论：农村集体产权制度创新的动态博弈焦点是随着经济社会发展环境而改变的，不同时期，这种制度创新的权利博弈焦点是不同的。当前农村集体产权制度创新过程中，权利博弈的焦点已由之前的政府与农户间博弈占主导，转变为不同类别集体成员间的博弈占主导。这种转变也意味着，在当前乃至未来的农村集体产权制度创新中，政府将更多地发挥制度维护者的角色，且随着政府产权管制的不断放松，集体成员将更有效地分享集体产权。

第六章
农村集体产权制度创新的影响因素分析：基于农户满意度的解释

在对农村集体产权制度创新的博弈均衡分析中，政府、不同利益集团的集体成员之间的博弈推动了制度由不均衡向均衡转变。前文的研究关注于农村集体产权制度演进的方式与路径，分析了不同行为人基于利益变化下的策略博弈，但对哪些因素会影响到行为人的行为决策选择并没有作进一步的分析。因此，本章着重探讨制度演进中行为主体的行为决策选择问题，分析农村集体产权制度创新中农户的改革行为策略受到哪些因素的影响。

第一节　对制度创新影响因素的理论解释

制度创新中，行为主体由个人或集团构成，不同行为人的行为策略博弈推动了制度变迁，那些影响到行为人决策的因素是决定制度创新方向与内容的核心与关键。在理性经济人假设下，影响行为主体策略的根本因素是利益关系，而这种利益关系决定了行为人“想要什么”“能做什么”“能否实现”，即在制度创新过程中，社会经济环境约束限制了行为策略的边界，行为主体要在这个大环境的约束下，考虑行为策略的利益损益与行为方式，考虑“能做什么”；不同的行为主体在创新中的角色定位不同，且随着利益调整还可能发生角色转换，这种角色定位与转换最终表现为对制度创新的支持、反对、同意等态度，并通过行为策略表现为行为主体“想要什么”；制度变迁涉及到众多的行为主体，单个行为人“想要什么”“能做什么”最终能否“如意”还取决于与其他行为人的“利益均衡”，这就需要考虑集体行动逻辑，分析集体行动中“能否实现”利益均衡下的制度演进。因此，本节着重从理论层面探讨社会环境约束、角色定位、集体行动三个因素对制度创新的影响。

一、社会经济环境

制度创新总是处在一定的制度环境内，市场与经济环境、社会政治环境、要素禀赋环境这三个环境系统相互衔接与制衡，刻画出一个空间系统，决定制度创新的边界，超越这一空间的制度创新都是行不通的。从经济环境看，在市场经济中，经济因素处在制度创新的核心地位。较高的经济发展水平使得社会（个人）能够承担更大的制度创新成本，进而提高制度变革的有效性与准确性。经济环境包含了许多促进市场交易的规则规范，这些基础规则是制度创新的基础，且基础规则越多、越丰富，制度创新的边界越宽。经济环境的成熟与完善是提高制度变迁速度和拓宽制度创新范围的基础；从政治环境看，制度环境中的政治环境可以分为两大类：一类是维持经济社会生活的政治、社会、法律的基础规则，包括正式的和非正式的，如宪法、宗教、道德规范等；另一类是意识形态，特别是政府的意识形态。政治环境对制度创新的限定与约束作用表现在：对于第一类政治环境，社会规则的完善可以降低制度创新中的交易成本，提高制度变革的成功率，政治环境直接限定了制度创新的范围。如宪法决定了社会制度创新的大方向，具体的法律规范会对制度创新的内容与程序进行约束，社会道德准则决定了社会对制度创新的容忍度等。对于意识形态这类政治环境，其对制度创新影响最极端的形式就是阶级革命，意识形态也有节约信息费用的优势，正确的意识形态应用可以显著降低制度创新的成本，提高制度创新的绩效。从要素资源禀赋看，要素资源的稀缺程度直接影响到制度创新的方向，要素资源禀赋的差异划定了可供社会选择的制度安排的范围。资源的属性决定了其产权结构，不同产权类别的制度创新对应不同的制度变迁路径。不同的资源属性决定了其对应的制度创新的类型与范围，对资源属性的不同侧重点，决定了它的改革边界。

二、角色定位

制度创新中，不同行为人对待制度创新的态度不同，既有支持也有反对，既有积极参与也有漠不关心，我们可以把这些称为行为人对制度创新的角色定位。诺斯（1994）曾把制度创新参与者分为“第一行动集团”和“第二行动集团”两大类。黄少安（1999）曾把制度变迁中的行为人角色定位分为赞成并参与者、赞成却不参与者（观望着）、不赞成、不反对也不参与（中立者）、反对者、阻挠者。这是一种基于支持程度的角色定位的划分，它通过行为策略刻画了行为主体在制度创新中“想要什么”。前文分析中，制度创新顺利实现的一个重要前提是取得行为主体的一致性支持，从角色定位的角度讲，需要大多数行为人对制度创新的角色定位是支持（至少是不反对）。因此，研究制度创新中的角色定位实际上更应该关注制度角色定位的影响因素，探讨哪些因素会最终影响到行为人在制度创新中的态度，并从这些影响因素中寻求可能使行为人的角色定位发生转换的路径，让制度创新中的反对与阻挠的角色定位群体在利益调整中实现角色转换，实现制度创新的一致性支持。

在对角色定位影响因素的研究中，黄少安（1999）通过构建制度创新支持函数把对行为人角色定位的影响因素归结为制度创新对主体的损益值、制度变迁主体的实力、行为主体的身份、行为主体的影响专用性四大类，并认为行为主体的利益损益是影响角色定位最主要和内生的变量。

通过对前人研究成果的借鉴，本书认为制度创新中角色定位的影响因素可分为三大类：行为人禀赋特征、制度创新中行为人的效用变化、行为人的环境束缚。首先，行为人禀赋特征是指制度创新中不同行为人的个人特征，如年龄、职业、身份、收入、教育、家庭状况等因素。这些个体禀赋决定了行为人在制度创新中所处的地位与收益程度，影响到他们对制度创新的直接判断[①]与他们对制度创新的预期收益判断，而这种判

① 这种判断可能是一种直觉判断，有可能是正确的也有可能是非理性的，只是行为人的一个初步态度，有可能成为行为人的最终角色定位，也有可能综合考虑其他因素采取更加理性的态度。

断对行为人最终的角色定位具有重要的导向。其次，行为人的效用变化是指行为人在制度创新中的效用损益变化。基于理性经济人假设行为人追求效用最大化，在制度创新中，若行为人预期效用会增加，那么他们倾向于赞成或支持，反之则会反对或阻挠。这种效用变化，一方面，受到个人效用函数的影响，这个主要取决于行为人的禀赋特征，另一方面，取决于制度创新的内容、深度、目标、程度与方式，制度创新的影响会对行为主体的效用损益产生影响，而且这种影响会随着制度创新环境的变化发生动态调整。最后，行为人的环境束缚是指行为人的角色定位被动地受到制度创新环境的影响，主要强调被动地接受，这一因素在角色定位、角色转换中具有重要影响。人的社会属性决定了个人行为决策受到法律、道德、伦理、文化等因素的束缚，制度创新中也是如此，一些被广泛接受认可的法律规范、社会准则都会限制行为人完全个性地表达自己的意愿[①]。中国是一个传统文明古国，历史上遗留下来的道德伦理规范等在一些社会制度创新中具有深刻的影响。

假设支持程度可以刻画行为人的决策行为，那么可以将行为人的角色定位理解为支持程度的指标值（指标值越高，说明行为人对制度创新的支持程度越高，对应的行为人角色定位即为赞成或支持）。用 P 表示支持程度，以上述的行为的人禀赋特征、行为人的效用变化、行为人的环境束缚三因素为自变

① 最常见的莫过于“少数服从多数原则”，行为人可能开始反对、阻挠一项制度创新，但如果这种制度创新被大多数认可，那么行为人在强大的社会压力下可能会放弃原来的反对行为，甚至有可能转变为支持。在农村制度创新中，一些乡规民约也会对村民行为产生约束，如农村五保户制度，按照法理村民无义务赡养这些老人，但在传统的道德伦理观念下，村民还是支持这种互助制度的。

量，可以刻画出一个反映制度创新中角色定位的函数关系式：

P = f（a，b，c）

式中，P 表示支持程度，a 表示行为人禀赋特征值，b 表示行为人的效用变化，c 表示行为人的环境束缚。P 值越高，行为人对制度创新的支持度越高，对应的行为人可能对制度创新采取赞成或支持的态度，P 值较低，意味着行为人可能对制度创新持反对或阻挠的态度。这个函数关系式中，P 与 b 呈正相关，即 b 值越高，行为人从制度创新中的获取收益越大，对制度创新的支持度越高，越倾向于采取支持与赞成的角色定位（见图 6–1）。a 是函数中重要的内生变量，对 b、c 两个变量也会产生一定的影响。从角色转化的角度考虑，b、c 两个变量是重要的突破口，即调整制度安排改变行为人的制度创新效用损益、完善制度创新的制度环境与突破相关束缚都有可能使行为人的角色定位发生转换，若要在制度创新中取得一致性支持，可从这两个因素进行考虑。

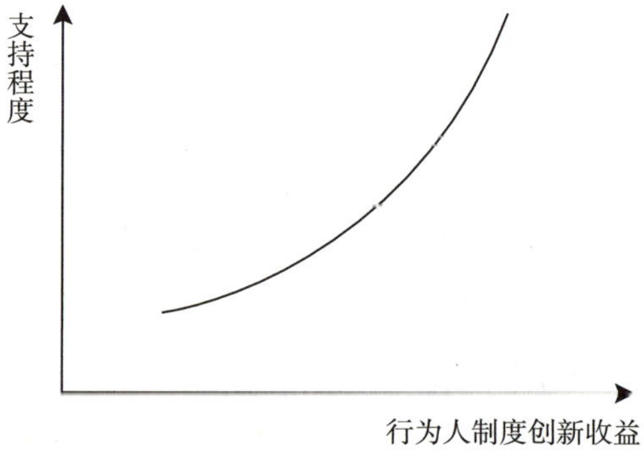

图 6–1　制度创新收益与支持程度函数

三、集体行动

按照门格尔的解释，制度是无数个体行为人为了各自利益相互作用的产物，制度创新是一种集体行动。但在制度创新过程中，集体行动可能导致集体行动困境，对制度创新会产生消极影响，主要表现在：一是影响制度创新的进程。集体中的利益集团会根据制度创新的利益损耗决定行为决策，一旦影响到他们的集团利益，他们就会歧视外在规则，以对立、蛮横的方式与规则系统对抗。由于利益集团的力量显著大于分散决策的个体，他们的行为会直接影响到制度创新的进程。二是集体困境可能导致制度选择的低效率。诺斯（1994）指出“制度是为了服务那些具有谈判能力的利益集团创造的”。这也决定了制度创新是基于博弈实力基础上的对立与妥协，而不是基于最优效率的选择。集体中某一利益集团的谈判能力越强，制度设计越容易满足他们的利益诉求，特殊利益集团追求自身利益最大化的过程是以牺牲其他利益集团的利益为代价的。三是干扰制度创新的良性发展。好的制度应该能使集体中的大多数个体受益，但在集体困境中，制度创新的方式与路径由少数利益集团控制，在制度变迁“数量悖论①”的作用下，制度创新可能为了少数人的利益会牺牲他人的利益，使得社会总福利水平下降。

为避免制度创新陷入到集体行动困境中，就必须意识到哪些因素会影响到集体行动。本书认为，影响集体行动的因素主要有四种：一是集体的规模。集体行动下集体选择的交易成本显著高于个人决策，集体规模越大，交易、组织成本越高，进而导致制度创新的供给成本增加。二是集体的组织水平。“个体

① 制度创新中的“数量悖论”是指：在社会制度或政策的决定中，人数少的利益集体可以更高效地反映利益诉求，并容易在争取利益最大化中开展一致性行动，反而人数众多的集团很难达成一致性意见，不利于制度设计中的利益表达。

理性不是集体理性的充分条件”（Todd Sandler，1992），单个的行动者在高昂的信息成本前，对集体的选择消极无为，处于一种理性无知的状态。若能提高集体成员的组织水平，既可以提高制度创新利益博弈的效率，又可以降低组织成本。三是决策方式。集体行动中的决策方式包括独裁、一致同意、少数服从多数、投票、代理与授权、分散决策等，不同的决策方式对应着不同的公平与效率水平。在制度创新中，集体的决策方式直接影响到新制度的演进路径。四是奖惩机制。集体的一些固有规范准则会对行为人决策行为产生激励与约束。如对集体代理人的聘用、监督机制，对集体收益的公平分配管理机制等都会避免制度创新中的利益集体的独裁专制，集体成员基于伦理道德约束可以有效提高制度创新中的一致性支持等。

第二节　农村集体产权制度创新的影响因素分析：基于农户满意度视角的解释

在对农村集体产权制度创新的博弈均衡分析中，政府、不同利益集团的集体成员之间的博弈推动了制度由不均衡向均衡转变。前文的研究关注于农村集体产权制度创新的方式与路径，分析了不同行为人基于利益变化下的策略博弈，但对哪些因素会影响到行为人的行为决策选择并没有作进一步的分析。本节将在制度创新影响因素的理论分析基础上，从农户满意度的视角出发，构建起农村集体产权制度创新影响因素的理论假说。

一、对农村集体产权制度创新影响因素的分析

按照上文的理论解释，社会经济环境、行为人角色定位、集体行动会影响到农村集体产权制度创新中行为主体的行动策略，最终影响到农村集体产权制度创新的路径。此处将结合上文的理论假说对中国农村集体产权制度创新的影响因素进行描述性分析。

首先，从社会经济发展环境看，较高的经济发展水平使得社会（个人）能够承担更大的农村集体产权制度创新的成本，才有能力保证这种制度创新最终实现。在分析北京农村股份合作制改革案例时的一个重要结论是“经济发展水平高的地方才有制度创新的需求与动力”。经济环境的完善提高了农村集体产权制度创新的速度，中国东部沿海地区的农村制度创新频率要高于中西部地区，这与其较早的市场经济改革紧密相关。不同地区的农村，其资源禀赋存在显著差异，其对应的制度创新选择集合也不同。此外，政治环境在农村集体产权制度创新进程中具有重要影响。当前的农村集体产权制度创新中，民主集中制的决策体系决定了政府是主导农村改革的核心，社会主义政体决定了其不可能走私有化改革之路。

其次，农村集体产权制度创新中，农户的角色定位对改革推进具有显著影响。农村集体产权制度创新直接对农户集体共有的资产进行产权界定，对现有的利益分配结构、乡村治理机制进行调整，直接涉及农民的核心利益与福利水平，农户是制度创新的受益者，更是制度创新的直接参与者与推动者，农户的角色定位关系到制度变迁的成败。实践中，农户的个人禀赋

特征如职业、受教育水平、收入水平、年龄等会直接影响到对农村制度创新的态度，村干部和年轻人更容易接受当前的农村产权制度创新。农户的利益损益对农户角色定位的影响是最直接的，农户对农村集体产权制度创新的利益损益的判断直接影响到他们对制度创新的态度，如支持与反对、赞成与抵触等，实践中，农户的参与积极性可以刻画出农户在制度创新中的利益损益情况。此外，农村的一些非正式制度对农村集体产权制度创新也发挥着重要的影响，如一些乡规民约可以维护农村集体产权制度创新中的公平，村干部、家族头领、能人大户等可以扮演制度创新的“领头羊”角色，村民间的伦理亲情可以加快新制度的扩散等，而这些都是农村集体产权制度创新中的行为人环境束缚。

最后，农村集体产权制度创新中集体行动的特征更加显著，需要考虑集体行动逻辑对制度创新进程的影响。从农村集体的规模看，较小的农村集体易于在产权制度创新中达成一致性意见。回顾中国农村制度变迁，在城乡利益博弈中，农民一直处于不利地位，农民的政治活动空间和组织行动能力不足，使得其政府影响力微弱（卢现祥、朱巧玲，2006）。而欧美国家中，农民人口比重较小，其在政府决策中的影响力却较大。从集体的组织水平看，农村的组织水平越高，产权制度创新越容易发生，经济发达地区农村的产权制度调整频率高于欠发达地区，一个主要的原因是这些地区市场经济发达、农户的组织水平较高。从集体的决策方式看，村集体的公平、民主决策水平越高越利于推进市场化的农村集体产权制度创新，也更有可能实现多数集体成员的帕累托改进。中西部及落后地区的农村，传统的行政本位主义较严重，村干部一言堂、暴力管制等破换了村内的民主公平，而这些决策方式很难推进市场化的集体产权制度创新。从集体的奖惩机制讲，由于当前绝大多数农村并没有实现“政经分离”，这种奖惩机制主要指乡村治理中的奖惩激励机制，即在乡村治理中，以农村市场化改革为目标，构建起对集体收益的公平分配管理机制、对村干部权责的监管机制、对民主集中决策的保护机制等。如村务公开制度、村干部竞选、一事一议等都是较为有效的规避集体困境的奖惩机制，在推进农村集体产权制度创新中构建完善的集体奖惩机制意义显著。

二、农村集体产权制度创新影响因素的理论假说：基于农户满意度视角

当前农村集体产权制度创新多是自下而上的诱致性制度变迁，基层农户对制度创新的支持与推动是决定制度创新成功与否的关键，农户满意度是衡量农村集体产权制度能否实现均衡的重要标准。因此，本书将通过农户满意度的视角分析农村集体产权制度创新受到哪些因素的影响，构建农村集体产权制度创新影响因素的理论假说。

通过上面的描述性分析，发现农村集体产权制度创新过程中社会经济环境、行为人角色定位、集体行动都会对其产生影响，这三大类因素又包含若干个具体的因素。但从农村实际看，这些因素可能不太明确，实证分析中也难以衡量与考察。因此，本书将这些因素重新归类，结合农村实践经验，从农户满意度视角出发将其分为四个大类，构建起如下理论分析框

架，如图 6–2 所示。

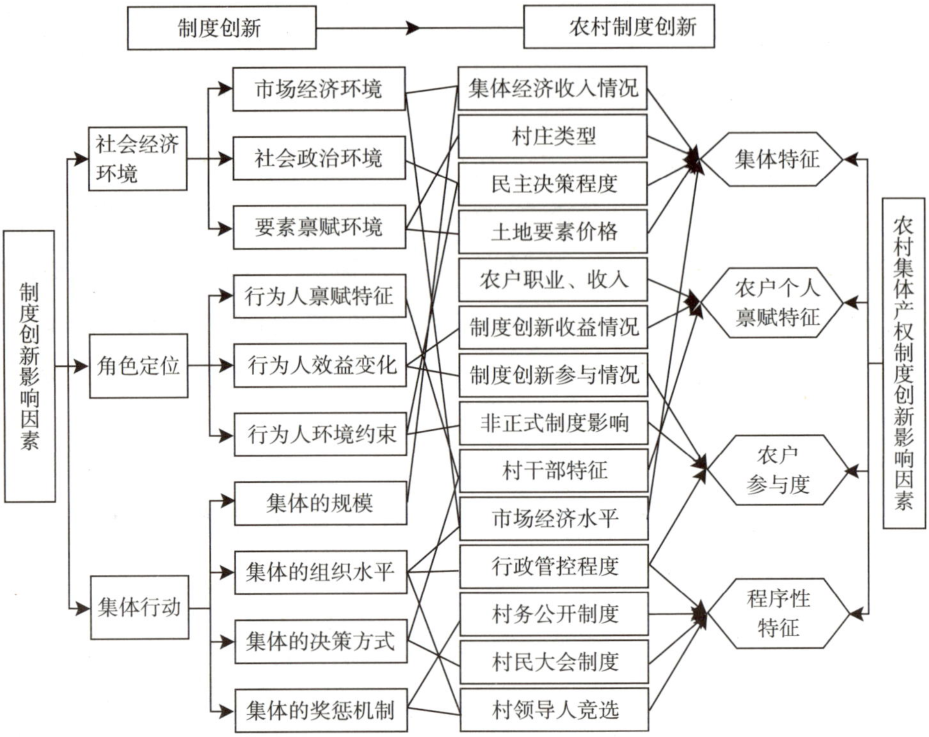

图 6–2　农村集体产权制度创新影响因素逻辑

在上述理论假说中，本书将制度创新中三大类影响因素中的 10 个具体影响因素，结合当前农村集体产权制度创新的实践以及“三农”特质，列出了其对应的 14 个容易考察的因素，再进一步从农村集体产权制度创新中农户满意度的视角，将这 14 个因素分为四大类，分别是集体特征、农户个人禀赋特征、农户参与度、程序性特征，构建了基于农户满意度视角的农村集体产权制度创新影响因素的理论假说。总体上讲，这种假说分类更加贴近农村实践，易于选取对应的考察变量，有利于后文的实证分析。

第三节 实证分析：基于农户满意度视角的分析

通过上述分析，本书基于农户的满意度[①]总结了集体特征、农户个人禀赋特征、农户参与度、程序性特征四大类影响农村集体产权制度创新的影响因素，构建了农村集体产权制度创新影响因素的理论假说。基于此理论假设，下文将通过北京市昌平区农村集体产权制度改革的数据对其做实证分析，探寻影响农村集体产权制度创新达到均衡的关键要素。

一、研究思路

第一，选择分析样本。

第二，构建农户满意度指标，将其作为衡量制度创新是否均衡的标准。选取评价指标，对选取的指标进行分类，构建模型的指标体系。

第三，将选取的指标纳入到分析框架中，构建农村集体产权制度改革农户满意度评价模型。

第四，采用多元 Logit 回归模型对评价模型进行计量分析。

第五，对计量结果进行解释，并结合实践做进一步规范分

① 本节中的农户是指具有成员权资格的集体成员，并非传统意义上的从事农业生产的农民。本章的农户均适用于此解释。

析，形成研究结论。

二、样本选择

北京市昌平区从2003年开始进行农村集体产权制度改革，到2011年底，全区97%的农村集体经济组织完成了产权制度改革，量化资产总额370.6亿元，股东总数达到35.4万人，278个农村股份经济合作社实现按股分红（见表6-1）。对昌平区的农村集体产权制度改革进行全面系统的研究，既可以从纵向上把握农村集体产权制度改革不同阶段、发展步骤的特征，也可以在横向上对不同地区、不同类型的农村集体产权改革进行对比分析，将其作为典型案例具有重要的分析价值。

表6-1 昌平区农村集体产权制度改革实施情况

乡镇	城镇发展特点	农村集体产权改革实施情况
南口镇	平原山地过渡地区，城乡接合部工业发展重点地区	2008年10月，陈庄村率先进行改革试点；截至2012年5月，除雪峰村以外，全部村庄完成改革
阳坊镇	山后平原地区，紧邻海淀山后地区，北京市重点建设和发展的城镇之一	2009年启动，已全部完成
延寿镇	昌平区唯一的纯山区镇，承担着生态涵养的区划功能	2011年9月建镇之前，所辖村庄即已完成产权改革，所辖村庄的产权改革工作一般都是在昌平区全面推开产权改革工作之后进行的
回龙观镇	昌平区南部平原，是典型的城乡接合部地区，城镇化水平较高	2004年开始第一批试点村的产权改革工作，2010年2月所辖村（居委会）的产权改革工作全部完成
小汤山镇	平原地区，城镇化处于加速发展时期	2003~2005年，启动3个村为试点；2010年初启动11个村；2010年10月启动剩余10个村的改革工作
北七家镇	昌平区南部平原地区，紧邻朝阳区、顺义区，城镇化水平较高	2003年8月，启动2个村作为试点；2005~2009年，7个村开展产权改革；2011年7月，启动剩余村庄的改革工作

注：资料来源于昌平区实地调研。

在确定北京市昌平区为研究案例后，本书通过整群分层抽样的方法选取农户调研样本：选取昌平区的16个乡镇（东小口镇正在进行城市化试点改革，涉及区划调整问题，未进行调研）作为样本采集区；每个乡镇选取四个典型村庄，按经济水平高、一般、普通、差的标准来选取；再从每个村随机选取五户进行问卷访谈（具体调查问卷见附表）。在剔除无效问卷并进行补充调研之后，共收回有效问卷320份。从样本的覆盖面来看，调研涉及到昌平94%的乡镇，调查的64个村占昌平全部农村的21%。从样本代表性来看，这些农村既包括城市化水平较高的农村，也有正在快速推进城市化的农村，还有发展相对缓慢的山区农村。

表6-2反映了此次调研村庄的基本情况。样本村涵盖了各种类型的村庄，可以客观反映不同经济环境下农村股份合作制改革的特征。相对来讲，平原村庄户数更多、人口多，非农业人口比例高。平原村和半山区村的积累性资产比例较高，山区村拥有的更多是不能随意支配的土地资产。

表6-2 样本村基本情况

	村庄类型			平均值
	平原	半山区	山区	
调查村庄基本情况				
村庄数（个）	42	14	8	64（总计）
村平均户数（户）	457	421	370	437
农业户数（户）	278	291	268	280
村平均人口（人）	1114	983	773	1040
农业人口数（人）	680	703	601	675

表 6-3 反映了受访农户的基本信息特征。被调查者年龄分布较为均匀，中等收入家庭占了受访家庭的近九成，问卷调查可反映出大多数人对农村股份合作制的看法。在就业状况中，非农就业、农业就业、无业三者大致相当，这与城市化进程中的农村的特征吻合，但受户籍制度约束，农民的身份变化较小。总体来讲，这些受访者的基本特征决定了其能客观地看待农村股份合作制改革的成效。

表 6-3　受访农户基本情况

变量	比重（%）	变量	比重（%）
年龄		职业	
25 岁以下	16.59	农民	71.12
25~45 岁	29.50	工人	21.31
45~65 岁	43.57	干部	5.30
65 岁以上	7.35	其他	2.27
家庭收入分布		就业状况	
较高	2.50	农业就业	38.99
中等	83.10	非农就业	35.81
较低	14.40	无业	25.20

三、指标评价体系构建

农村集体产权制度创新涉及利益分配结构的调整，关系到农户的利益得失，农户对制度创新的支持与推动是其成功的关键。只有为大多数农户认可，得到农户一致性支持的农村集体产权制度创新模式才是有效的制度创新。从这个角度出发，我们可以将农户满意度作为衡量农村集体产权制度创新是否均衡有效的一个标准。在此基础上，通过分析农村集体产权制度创新中哪些因素会影响农户满意度，可以间接地得出哪些因素会影响到农村集体产权制度创新，从而验证本书提出的理论假说。

在农户满意度指标的构建中，本书在问卷调查中设计了“您及家人对集体产权改革及改革方式的评价”的问题，共设计了五个选项——很好、好、一般、不好、说不清（见表 6-4），用这个数据衡量农户满意度，作为指标体系中的因变量。调查中，认为改革“很好”和“好”的农户人数占 75.08%，认为“不好”的仅占 3.84%，说明农户对农村股份合作制改革的满意度较高。此外，81.88%的受访农户表示改革之后生活水平有所提高，74.34%的农户满意改革后的新生活方式。这些数据也进一步证明了农村股份合作制改革是受到农民拥护与认可的。

表 6-4 受访农户对集体产权改革和方式的评价

对集体产权改革的态度	人数	百分比（%）
很好	100	31.95
好	135	43.13
一般	66	21.09
不好	5	1.60
说不清	7	2.24
合计	313	100.00

在解释变量选取上，按照此前对影响因素的四大分类，根据昌平农村集体产权制度改革的具体情况，结合农村股份合作制改革的典型特质，综合考虑指标的可获得性，本书选取了相应的 15 个衡量指标，如表 6-5 所示。

表 6-5 指标选取及变量说明

变量类型	变量符号	变量名称	变量赋值
因变量	Y	农户对农村股份合作制改革的满意度	1. 很好；2. 好；3. 一般；4. 不好；5. 说不清
个人禀赋特征	X_1	家庭收入在村中水平	1. 比较高；2. 中等；3. 较低
	X_2	职业	1. 农民；2. 工人；3. 干部；4. 其他
	X_3	改革后是否有股份	1. 有；2. 没有
集体特征变量	X_4	村集体经济收入状况	1. 比较高；2. 中等；3. 较低
	X_5	村承包地是否已分田到户	1. 全都分了；2. 分了一部分；3. 没分；4. 不清楚
	X_6	家里有没有被征地	1. 有；2. 没有
	X_7	对村务公开是否满意	1. 满意；2. 一般；3. 不满意
农户参与度	X_8	是否参与董事长选举	1. 是；2. 否
	X_9	是否参与对改革方案的表决	1. 是；2. 否
	X_{10}	是否召开股民大会	1. 从不召开；2. 每年一次；3. 每半年一次；4. 不清楚
	X_{11}	是否参加了有关产权改革的村民（代表）大会	1. 不知道会议，没有召开会议；2. 没有参加；3. 委托别人参与；4. 及时参加
程序性特征	X_{12}	是否看到股份合作制改革公告	1. 是；2. 否
	X_{13}	方案制定政府是否听取受访者的意见	1. 开过会，并有专人上门征求意见；2. 仅开会中听取过；3. 从未听取；4. 不知道不了解
	X_{14}	集体股份分红是否召开股东代表大会	1. 是；2 .没有；3. 不知道
	X_{15}	改革中是否发生集体收益被挪用、截留问题	1. 程序公正，监督严格，不存在；2. 不知道；3. 存在

一是农户个人禀赋特征。①受访农户的家庭经济水平。政治是经济的上层建筑。经济水平较好的家庭更关注制度的变革，也在变革中有更多的发言权。而经济水平较差的家庭一方面无暇顾及制度变革，另一方面对变革的预期过高。逐步推进的改革很难对其有实质的满足。因此假设，农户对制度创新的

满意度与其家庭经济水平呈正相关，即家庭经济水平越高，越满意集体产权制度改革。②职业。不同的职业体现了农户的不同文化水平与素质。干部拥护制度创新的觉悟明显高于普通的农户与群众。③改革后是否有股份。改革后没有股份的农户对改革的关心程度不够，因此对改革不关心或者不满意，反之，有股份的农户更加期望改革。

二是集体特征因素。农村集体的特征各不相同，这对于在集体范畴内做决策的农户会产生影响。①村集体收入状况。村集体收入水平越高，越有实力与动力去推动产权制度创新，以选择高效的集体资产经营管理制度。②村土地的承包制度。集体最重要的资产就是土地。集体土地分田到户可以避免外部性。稳定、清晰的土地承包权也保证农户享有土地的收益权。在这个基础上，农户不再倾向于对村集体资产的重新分配。因此本书假设分田到户与农户改革满意度负相关。③家中有没有被征地。一定程度上讲，征地可以使城郊农民迅速致富。农户对征地存在着较高的经济预期。因此假设已被征地农户期望集体产权制度改革以获得更多的集体权益，未征地的农户不希望重新调整土地权益。④对村务公开是否满意。村务公开体现了村委工作的透明性、公开性。农户对其的满意度也直接影响其他的村委会工作。

三是农户参与积极性。选取了四个指标：①是否参加了董事会的选举。②是否参加了有关产权改革的村民（代表）大会。③是否参与对集体产权制度改革方案进行表决。④对集体股份分红的看法。一般而言，农户的参与积极性是农户对改革拥护的先决条件，本书假设这几个指标与农户对改革的满意度呈正相关。

四是改革的公正性、合理性。制度设计的合理性、改革程序的公开透明性直接影响到农户的参与积极性，进而体现到农户的支持度、满意度上，优化改革程序是提高农户满意度的一个重要工作。在这个方面本研究选取了四个指标，并假设其与农户的改革满意度正相关。

四、研究方法

本书所采用的数据主要是分类数据，采用概率模型分析离散选择问题是较理想的估计方法。结合研究需要，本书选择多分类有序 Logit 模型进行分析。其基本函数为：

$$P(y=j/x_i)=\frac{1}{1+\exp[-(\alpha+\beta x_i)]}$$

式中，y 代表农户满意度等级，给各等级 y 赋值 j（j = 1，2，3，4，5），y = 1 代表很好，y = 2 代表较好，依次类推；x_i 表示影响农户满意度等级的第 i 个因素。对上式取对数，建立 Logit 表达式：

$$Logit(P_j)=\ln[P(y\leqslant j)/P(y\geqslant i+1)]-\alpha_j+\beta x$$

式中，p_j 是农户属于某一满意度等级的概率，α_j 是模型的截距；β 是一组与 x 对应的回归系数。在得到 α_j 和 β 的参数估计后，某种特定情况（如 y = j）发生的概率就可以通过下式得到：

$$P(y\leqslant j/x)=\frac{\exp[-(\alpha_j+\beta x_i)]}{1+\exp[-(\alpha_j+\beta x)]}$$

上述各式构成了多元有序 Logit 模型。通过考察解释变量与对数发生比的关系，可以考察其与因变量（农户满意度）变化的概率关系，当一个解释变量的作用增加了农户满意度变化的发生概率，即表明其中内含着相互作用关系。

第四节　模型估计与结果分析

按照上文选取的计量模型与指标变量，将调研的数据带入模型中，进行拟合估计。本书采用 SPSS 21.0 软件进行估计。

一、模型的估计

将上述指标数据进行回归之后，得出如下回归结果，如表 6-6 所示。

表 6-6　多元 Logit 模型估计结果

	估计系数	标准差	Wald 值	d.g.	Sig.	95%置信区间	
						下限	上限
Y=1	0.582	1.444	0.162	1	0.687	–2.249	3.413
Y=2	2.921	1.450	4.056	1	0.044	0.078	5.763
Y=3	5.418	1.497	13.096	1	0.000	2.484	8.353
Y=4	6.028	1.524	15.641	1	0.000	3.041	9.016
X_1	0.653	0.294	4.940	1	0.026	0.077	1.229
X_4	0.791	0.203	4.235	1	0.235	0.079	1.324
X_5	–0.392	0.131	9.015	1	0.003	–0.648	–0.136
X_7	0.708	0.286	6.124	1	0.013	0.147	1.269
X_{11}	0.354	0.210	2.839	1	0.092	–0.058	0.767
X_{15}	0.320	0.220	2.109	1	0.146	–0.112	0.751
X_9	–0.060	0.224	0.073	1	0.718	–0.500	0.379
X_{12}	0.213	0.166	1.654	1	0.098	–0.112	0.538

续表

	估计系数	标准差	Wald 值	d.g.	Sig.	95%置信区间	
						下限	上限
X_{14}	0.113	0.180	0.400	1	0.027	–0.238	0.465
X_2=1	0.486	0.476	1.042	1	0.307	–0.448	1.420
X_2=2	0.170	0.489	0.120	1	0.729	–0.788	1.127
X_2=3	0.332	0.573	0.336	1	0.562	–0.790	1.455
X_2=4	0^a	—	—	0	—	—	—
X_3=1	0.493	0.526	0.877	1	0.349	–0.538	1.524
X_3=2	0^a	—	—	0	—	—	—
X_6=1	–0.149	0.371	0.161	1	0.688	–0.876	0.578
X_6=2	0^a	—	—	0	—	—	—
X_8=1	0.939	0.347	7.336	1	0.307	–1.618	–0.259
X_8=2	0^a	—	—	0	—	—	—
X_{10}=1	–0.502	0.312	2.578	1	0.108	–1.114	0.111
X_{10}=2	0^a	—	—	0	—	—	—
X_{13}=1	0.671	0.372	3.250	1	0.171	–1.401	0.059
X_{13}=2	0^a	—	—	0	—	—	—

可以看出，X_2、X_3、X_4、X_6、X_8、X_9、X_{10}、X_{15} 未通过 10% 的显著性水平检验。在多元回归过程中，采用向后逐步回归的方法筛选确定影响变量，即按照相关系数的显著性逐步剔除不显著的变量，保证进入模型的变量具有显著的统计学意义。在剔除了上述不显著的变量之后，将剩余的 7 个变量进行多元 Logit 拟合回归，最终的回归结果如表 6–7 所示。

从表 6–7 看，在剔除了不显著的影响变量后，从模型的对数似然比、伪判决系数和自由度来看，模型的整体拟合程度较高。从表 6–7 中的回归结果看，家庭收入水平、村承包地是否分田到户、对村务公开是否满意、是否参与了集体产权改革的

表 6-7　模型优化后的多元 logit 模型估计结果

	估计系数	标准差	Wald 值	Sig.	95%置信区间	
					下限	上限
X_1	0.608	0.285	4.540	0.033	0.049	1.167
X_5	-0.472	0.120	15.450	0.000	-0.708	-0.237
X_7	0.827	0.275	9.038	0.003	0.288	1.366
X_{11}	0.454	0.205	4.928	0.026	0.053	0.855
X_{12}	0.258	0.149	2.976	0.085	-0.035	0.551
X_{13}	0.908	0.330	7.580	0.006	-1.554	-0.262
X_{14}	0.695	0.344	4.079	0.043	-1.369	-0.021
模型检验	-2 Log Likelihood=344.455　LR chi^2=595.048　DF=7　sig.=0.000					

注：模型回归中已剔除显著性大于 10%的解释变量，其余变量均通过 10%的显著性水平检验。

村民大会、是否看到股份合作制改革公告、方案制度是否听取了受访者的意见、集体股份分红是否召开了股东代表大会等变量对农村集体产权制度改革中的农户满意度具有显著的影响，其影响系数均通过了 10%以下的显著性水平检验。这个结果也与前文的预期假设相符。但综合考虑之前的回归结果，发现 X_2、X_3、X_4、X_6、X_8、X_9、X_{10}、X_{15} 等变量在模型回归中不显著，特别是前文预期假设中关注的农户参与度相关指标，四个中的三个未通过显著性水平检验，这与前文的预期假设不相符。

二、结果分析

第一，家庭收入水平对农户的改革满意度的影响系数为正。表明收入水平越高，农户对产权制度创新的满意度越高。在受访者中，家庭收入较高的农户中，对股份合作制改革较满意的比例为 87.5%，在家庭收入较低的农户中该比例仅为 65.6%。可能的解释在于：家庭收入较高的农户，一方面，其收入来源较广泛，改革中的利益调整对其影响较小；另一方面，股改之后，其有能力和机会参与村集体经济经营，客观上为其家庭经营创造了条件。而家庭收入较低的农户对改革寄予了很高的期望，当改革后的利益分配达不到其预期时，必然对改革产生怀疑与抵触。而对这一结论更深层次的解释是：在经济发展水平较高的地方先开展农村集体产权制度改革，才能取得较好的政策成效。

第二，村集体土地是否分田到户对农户改革满意度的影响系数为负。说明已分田到户的农户对集体产权制度改革有更高的预期，有更多的政策要求。实践中，集体产权制度改革是一种再集体化，这与分田到户实际上是改革的两个方向。分田到户讲求个人经营，集体产权制度改革后需要强化的是集体经营。这也说明在那些尚未完全分田到户的农村开展农村集体产权制度改革的政策成效较高。

第三，对村务公开的满意度与农户对改革的满意度呈显著正相关。这说明村务公开对提升农户对集体产权制度改革满意度有着重要的正影响。通过村务公开建立政府与农户的互信，通过信息公开变双方的“对立”为“互利”，可在农村集体产权制度改革中实现“共赢”。

第四，改革程序公开透明性对农户改革满意度具有显著影响。在选定的四个指标中，有三个通过了10%的显著性水平检验。回归结果显示，农户获得产权改革的信息越多（X_{12}），在改革方案中越多听取农户的意见（X_{13}），越主动参与股东代表大会（X_{14}），在改革中的程序越公开透明，农户获取的信息越对称，其对股份合作制改革的满意度就越高。样本数据还显示，未看到股份合作制改革公告的农户比看到过改革公告的农户对改革的满意度低 15.3 个百分点，参与过股份分红股东代表大会的农户对改革满意的比例比未参与或不知道的农户高 20.9 个百分点。这再次说明，改革程序越公开，农户对改革信息越了解，其对这种制度创新的理解就越深刻，也有利于形成理性的预期，进而对改革形成更加客观的评价。而“改革中是否发生集体收益被挪用、截留问题”选项在模型中不显著，是因为昌平区一直实行“村账乡管”，在改革中有乡镇领导组成的工作小组进行监督，贪腐现象发生的概率较小，调研中，农户也普遍认为这种情况很少发生，因此其对改革满意度的影响也较小。

第五，农村集体产权制度创新中农户参与度对其影响不显著，与预期假设不符。模型中，设定的四个影响变量有三个未通过显著性检验，仅有“是否参加了有关产权改革的村民（代表）大会”一项与农户对改革的满意度正相关。从样本数据来看，受访农户中有 84.4%的农户参与了董事长选举，85.3%的农户参与了对改革方案的表决，只有 5.9%的农户在改革中不参加、不发表意见，这说明昌平区的农村集体产权制度改革中，农户的参与度较高，使得模型估计中缺乏低参与度农户的评价信息对照，导致这几个解释变量在模型中不显著。但这说明，只有农户参与度达到较高的水平时，改革程序公开透明性才会增强，而这是提高农户改革满意度的直接影响因素。

第五节　本章小结

调研数据显示，昌平区农村集体产权制度创新获得了较高的农户满意度，绝大多数农户对这项制度创新给予了正面的评价，仅有3.84%的受访农户对改革不满意。实证结果表明，农户的收入水平、土地承包制度、村务公开以及改革过程中的程序公正透明与农户的改革满意度具有显著相关性。农户收入水平越高，村务公开力度越大，改革程序越透明公正，农户对股份合作制改革的满意度评价越高。在农地未完全承包到户的背景下开展股份合作制改革，农户对改革的拥护度越高。

总体上讲，从农户满意度的视角看，农户个人禀赋特征、集体特征禀赋、程序性特征因素是农村集体产权制度创新中的关键影响因素，特别是程序公正性因素与农户的改革满意度具有较强的正相关性。农户参与度因素并未得到验证，这与昌平区农村产权制度创新中农户整体较高的参与度相关，缺乏低参与度的对照。

通过上面的分析，可以得出如下启示：

第一，在推进农村集体产权制度创新时，要充分考虑经济发展水平，不能盲目地行政推动。农村集体产权制度创新的目的是对集体资产及其收益做利益分配调整，经济发展水平较高的地区，集体资产增值收益较多，潜力较大，改革后农户可获取实在的利益，对改革的自发需求较大。而欠发达地区，农村集体产权制度改革对当期的农户收入影响较小，农户对改革缺乏积极性，基层自发改革动力不足，如果靠行政强制推动，是难以获取农民支持的。

第二，规范农村集体产权制度创新的程序，提高改革的公开透明度。农村集体产权制度创新涉及农村利益调整，处理不好极易诱发农村社会矛盾。在对“农村集体产权制度改革中最应该解决的问题”调查中，61.43%的受访者选取了集体资产经营和监管选项，而选取集体资产分红的群众仅占24.02%，这也说明改革的公开透明是集体成员最关心的问题。因此，在未来的农村集体产权制度创新中，要从农村实际情况出发，由集体成员共同协商制度改革方案，政府要避免一刀切的改革方式，主要承担对改革的监督与引导工作。

第三，在改革中同步完善乡村治理机制。实证结果显示，村务公开有助于提高农户改革满意度。而村务公开深层次的含义是要实现农村的政经分离，村委会与农村集体经济组织能各司其职，保证各部门可以从各自职责分工的角度去实现职能绩效最优。股份合作制改革重建了农村集体经济组织，为政经分离创造了条件，但实际中，改革后各部门交叉任职的现象非常普遍，很难保证政治职能与经济职能的完全分离。因此，要在有条件的农村逐步推进农村政经分离，完善乡村治理机制，实现完整意义上的村务公开。

第七章 农村集体产权制度创新的绩效评价：以农村股份合作制改革为例

本章是农村集体产权制度创新的绩效评价，主要探讨农村集体产权制度创新中的制度效应。具体地，对比农村集体产权制度变迁中的经济、社会效益的变化，分析两者之间的内在因果关系，构建农村集体产权制度变迁的绩效生成的理论逻辑假设。通过北京市农村股份合作制的经验事实及面板数据，对农村集体产权制度创新的绩效生成假说进行计量验证。

第一节 对农村集体产权制度创新绩效的总体评价

从前文分析中看到，农村集体产权制度创新加速了生产要素的流动与重组，实现了资源的有效配置，提高了社会福利水平，农村基层自发推进的农村集体产权制度创新是一种帕累托改进，当前的农村集体产权制度创新在促进农村经济社会发展中具有重要的意义。以当前农村股份合作制改革为例，一方面，改革使农村集体产权“从残缺走向完备”（傅晨，2001），强化了对生产的激励，“产生经济当事人现行家庭经营制度下无法获取的外部利润”（钱忠好、曲福田，2006）；另一方面，农村股份合作改革实现了“对原农村集体经济组织的组织再造”（孔有利、刘华周，2010），避免了村委会对集体资产管理的“委托—代理困境”（陈剑波，2006），提高了集体资产的经营效率，有助于集体资产的保值增值。农村股份合作制改革在效率提高的基础上达到了公平的社会目标（张笑寒、张瑛，2009），其在化解农村矛盾、促进城乡统筹等方面产生的社会效应也是巨大的。基于此，本部分将以农村股份合作制这种典型的农村集体产权制度创新模式，通过北京市的改革案例，从区域经济发展、农民增收和城镇化推进三个方面对农村集体产权制度创新[①]的制度绩效进行理论分析。

一、农村集体产权制度创新与区域经济增长

制度会影响到要素的配置与生产效率，合理的制度安排可以降低生产中的交易费用，实现对生产要素的正向激励，在提高经济运行效率的基础上保证经济的持续增长。诺斯（1981）指出，有效的组织是经济增长的关键。库茨涅茨（1977）强调技术进步是经济增长的必要条件，而相应的制度安排是保证其实现的前提。菲尼（1989）则认为，有效的制度安排是土地、劳动、资本等生产要素发挥功能的保证。国外的实证研究也证

① 本章分析是以股份合作制制度创新为基础，故本章行文中如无特别指出，所强调的农村集体产权制度创新均指农村股份合作制制度创新（改革）。

明了这些理论分析，克拉克（1994）将 CIM、ICRG、BERI 三个制度变量替代指标纳入到经济增长模型中后，发现三个指标与经济增长正相关，即制度设计越合理，经济增长越快。阿西莫格雷等（2005）在运用“定居者死亡率”和“人口密度”作为产权变量时，发现产权制度对经济增长的作用十分显著。

农村制度变迁对推进中国经济发展发挥着重要的作用，林毅夫（1994）曾测算家庭联产承包制改革使 1978~1984 年农业产出增长了 46.89%，冀县卿、钱忠好（2010）的研究同样也证实农地产权完整性和完全性的不断增强是中国农业持续增长的制度根源。从这个理论视角出发，当前农村集体产权制度创新对区域经济发展的意义可归纳为三个方面：

首先，农村集体产权创新优化了农村生产关系，为集体经济的发展奠定了基础。农村集体产权制度创新中，通过清产核资，理清了集体经济组织的债权债务，优化了集体资产的市场配置，为集体经济的发展提供了资本支持。改革完成之后，农户变身集体资产的“股东”，个人权利与集体利益绑定，激发了农户参与集体经营的积极性，为集体经济发展提供了有效的劳动资本。此外，改革解决了集体经营中“所有权主体缺位”的矛盾，以股份合作社为代表的新型农村集体经济组织的建立实现了经营主体多元化，现代企业的经营模式提高了集体经济把握市场机遇发展集体经济的能力。以北京市昌平区为例，农村集体资产总额由制度创新前的 77 亿元增加到 119.7 亿元，增长了 55.5%[①]。实地调研数据显示（见表 7-1），通过农村集

① 北京市人大常委会网. 关于农村集体经济产权制度改革情况的报告［EB/OL］. http：//www.bjrd.gov.cn/zdgz/zyfb/bg/201306/t20130604_117112.html，2013-06-04.

体产权制度改革，昌平区农村集体收益在产权改革当年比改革前一年增长 13.6%，而改革后一年比改革当年增长 84.5%。

表 7-1 昌平区农村集体产权制度改革集体收益变化对照

项目	平原		半山区		山区		合计	
	金额	增长率	金额	增长率	金额	增长率	金额	增长率
村平均集体总收益								
改革前一年	217.4	—	75.6	—	87.3	—	162.7	—
改革当年	254.3	17.0	65.2	-13.8	100.6	15.3	184.8	13.6
改革后第一年	467.4	83.8	202.2	210.1	104.3	3.6	341.0	84.5

注：表中数据由昌平区农村集体产权制度改革调研问卷整理而得。

其次，农村集体产权创新加速了市场导向的农村改革，为农村构建现代企业制度创造了条件，保障了集体经济长期稳定发展。改革后的农村社区股份合作社，以“三会”（股东代表大会、监事会、董事会）的形式规范合作社的运行，以“四权分离”（所有权、决策权、经营权、监督权）的机制对合作社的经营管理进行权利的协调与制衡，推动了农村集体经济组织向现代企业的转变，降低了集体资产流失的风险，拓宽了集体经济的发展空间。如北京市通州区梨园镇魏家坟村在完成产权制度改革后，把握北京通州金融服务园区的机遇，投资 1 亿元兴建隆孚大厦综合商务楼，吸引浦发银行、新乐城总部等 30 多家金融企业入驻，优化了集体资产的经营模式，在保证集体资产保值增值的前提下实现了集体经济发展模式的转变。

最后，集体产权制度创新为区域经济增长提供了要素保障。农业的适度规模经营是现代农业发展的主要方向，农村集体产权制度改革有利于土地的集中流转，有利于农业产业结构的规划与调整，有利于农地的最有效配置，是推动农业规模经营的重要手段。同时，农村集体产权制度创新盘活了集体资产，为地区经济增长注入了大量的物质资本。据统计，到 2012 年底，北京市 3977 个村级集体经济组织的集体资产总额为 2532.7 亿元，净资产 1086.5 亿元①，这些资产如果能合理高效利用，对促进地区经济发展的影响巨大。此外，农村地区作为中心城区的产业承接地，通过改革降低产业发展中如征地、基础设施改造等问题的摩擦成本、交易成本，对促进当地产业发展、结构调整具有重要的意义。调研发现，北京市昌平区近 10 年来被征用的土地，大多数发展了收益较高的非农产业，其中住宅用途约占七成（见表 7-2），通过农村集体产权制度创新可以更好地为当地经济发展提供土地等要素的支撑。

表 7-2 昌平区 64 个典型村 2000~2011 年总体征地情况

征地总面积（亩）	征地补偿总额（万元）	被征收土地类型（亩）			被征收土地用途（亩）			
		耕地	宅基地	其他	工业用途	住宅用途	公共设施	其他用途
20490.01	202714.5	11737.88	2054.69	5546.67	87.69	14174.42	2555.08	3678.94

注：数据来源于昌平区 64 个村的实地调研。

二、农村集体产权制度创新与农民收入增长

农村集体产权制度创新伴随着利益关系的重新调整，对参与主体的收益分配具有重要的影响。家庭承包制改革中农民获得了土地的使用权和部分收益权，其释放出的巨大生产力促进了 20 世纪 80 年代农民收入的高速增长。在当前农村股份合作

① 北京市人大常委会网.关于农村集体经济产权制度改革情况的报告［EB/OL］. http：//www.bjrd.gov.cn/zdgz/zyfb/bg/201306/t20130604_117112.html，2013-06-04.

制的产权制度创新中，以股权的形式赋予了农民对集体资产的所有权，农户享有了完备的"剩余索取权"，这为农户分享城市化背景下集体资产的增值创造了条件。具体而言，农村集体产权制度创新促进农民增收主要表现在三个方面：

一是改革之后，农户直接参与集体资产的收益分红，城市化带来的集体资产迅速增值，为一些地区的农户带来了可观的收入。据统计，在 2012 年完成股份合作制改革的村中，北京市有 1073 个村、111 万人实现了股份分红，分红金额达 23.6 亿元，人均 2124 元。昌平区 2011 年 278 个改制后的集体经济组织实现分红，个人分红最高达 3.3 万元，户分红最高达 10.8 万元。表 7–3 是北京市昌平区农村集体产权制度改革前后农户收入变化的对照，明显看出，改革之后农户收入有了显著提高，改革前三年户均收入平均增幅为 8.6%，改革后三年户均收入增幅高达 28.5%，而改革当年的户均收入增幅高达 41.9%。此外，改制后的股份合作社还可以吸收集体成员的资金入股，利用自身的区位优势、资源优势等开展市场经营，在实现集体资产保值增值的同时为农户创造了有效的投资渠道。股份分红和投资分红使得农户的资产性收入增加，对农户增收发挥了重要作用。

表 7–3　昌平区农村集体产权制度改革前后农户收入变化对照

农户收入（元）	改革前			改革后		
	前三年	前二年	前一年	第一年	第二年	第三年
平均值	22273	26253	26033	36938	43521	54762
增幅	—	17.9%	–0.8%	41.9%	17.8%	25.8%

注：数据来源于昌平区农村集体产权制度改革调研。

二是农村股份合作制改革进一步解放了劳动力，为提高劳动的效率创造了条件。家庭承包制将农户的劳动从集体经营中解放出来，农户对劳动的自由支配显著提升了劳动的产出效率。农村股份合作制产权制度创新进一步将劳动从农业中解放出来，农户可根据市场需求寻求劳动的最优供给。同时，改革促进了农村非农产业的发展，为农户的非农就业创造了条件。以北京市昌平区为例，改革之前，全区乡村从业人员中从事第一产业的人数占 17.8%，改革之后该比例下降到 11.2%。这固然与该地的产业结构升级有关，但也反映出股份合作制改革中更多的农业人口实现了非农就业，提高了劳动的产出效率。

三是农村集体产权制度创新提高了集体成员的福利水平。对于集体经济实力较强的农村，改革之后的集体股收益被用来承担集体公共服务的开支以及集体成员的福利支出，客观上补贴了农户的收入。集体经济较差的农村，预留的集体股也为日后集体承担更多的社区福利职能奠定了基础。农村股份合作制改革下，农户除了可以分享到自有“股权”带来的集体资产收益分红，还可以享有集体股权收益负担的公共福利，而且这种明晰的产权结构，减少了集体资产的流失与损耗，提高了全部集体成员的福利水平。

三、农村集体产权制度创新与城镇化推进

制度变迁源于制度创新的需求。当前农村集体产权制度创新主要是在城郊地区、沿海发达地区进行，这些地区在城市化的进程中，人地要素相对价格发生变动，集体资产的增值使得原有的农村集体产权制度模式无法有效分享不断凸显的外部利

润，对这种外部利润进行有效分配成为这种制度创新的原动力。从这个角度看，农村集体产权制度改革的初衷是为了更好地推进城镇化。实践中，农村集体产权制度改革在推进城镇化发展中的作用是显而易见的：

一方面，农村集体产权制度创新有效地维护了城市化进程中集体成员的权益，为农村集体成员的转居转业提供了保障。制度创新后，通过“股权”的分配，集体成员获得了清晰稳定的集体资产所有权，这既保障了其分享集体资产增值收益，也有助于形成资产收益预期，实现个人收益决策的高效安排。此外，制度创新中重构了集体成员对集体资产的“私有权”，有效地避免了城市化进程中农村居民因利益分配不愿意进城、转居的逆城市化问题。北京市石景山区正是在农村集体产权制度创新的基础上，实施整建制一次性农转居，村委会全部撤销，而原农村集体经济组织在产权制度改革后继续保留，充分保障了农转居后集体经济组织成员的集体财产权，使辖区农民较好地融入了城市化进程。

另一方面，农村集体产权制度创新缓解了城市化进程中利益分配格局调整中的冲突与风险，降低了城市化中因寻租、对抗、讨价还价等导致的福利损耗，加快了城镇化的进程。以北京市昌平区为例，近些年昌平区因城市化推进导致的房屋拆迁数量剧增（见图 7-1），但农村股份合作制改革之后，因城市化推进导致的土地征用、房屋拆迁、土地补偿款分配等导致的信访案例却不升反降，由改革前的 46.8%下降到 2011 年的 6.9%，降低了 40 个百分点，农村集体产权制度创新的功效不可忽视。在未来科技城、国家工程技术创新基地等重点功能区建设中，先后有 24 个村顺利实现了整体拆迁，近 50 亿元土地补偿费平稳地转化为集体资产和农民受益，没有因此发生越级集体上访，农村股份合作制改革功不可没。

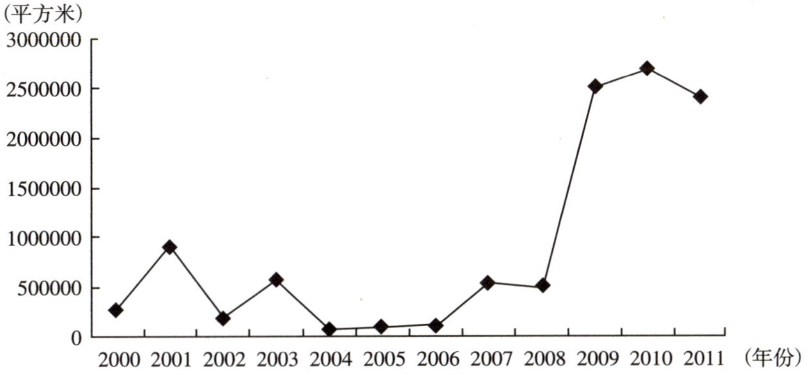

图 7-1　2000~2011 年昌平区房屋拆迁情况

第二节　农村集体产权制度创新的绩效假说

通过上面的描述性分析可以看出，农村集体产权制度创新使农村市场经济环境发生变化，资源的市场有效配置、交易费用的降低、产权的有效保护有助于区域经济的发展，资源的市场配置、产权有效保护、程序公正和资产收益预期有助于提高农民收入，而这些因素同样也加快了城镇化的进程（见图 7-2）。通过这种市场环境的调节，农村集体产权制度的变迁在促进区域经济发展、提高农民收入水平、推动城镇化进程中扮演了重要角色，当前的农村集体产权制度创新具有积极的经济、社会绩效。基于此，本书提出三个验证假说：①农村集体产权制度创新与区域经济增长显著正相关；②农村集体产权制度创新与农民收入增长正相关；③农村集体产权制度创新与城镇化水平正相关。下文将通过北京市 12 个区县 2003~2011 年的面板数据去验证三个假设。

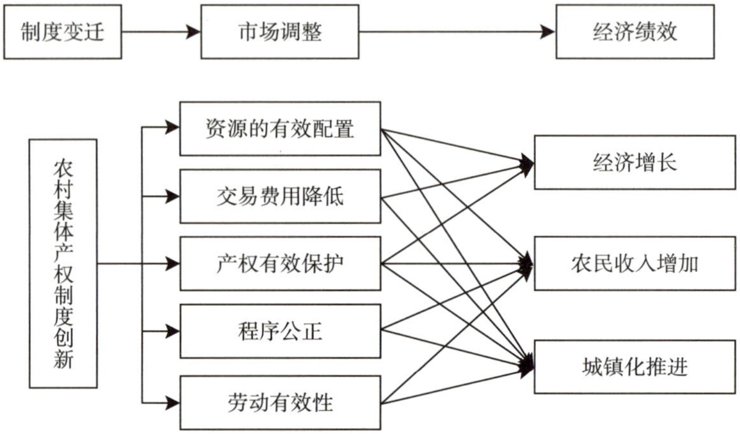

图 7-2　农村集体产权制度创新的制度绩效生成

第三节　假说验证：以北京市农村股份合作制改革为例

按照上述分析，此处通过构建三个计量模型，以北京市农村股份合作制改革为例，结合调研数据，分别对三个验证假说进行验证，根据计量结果进一步对当前农村集体产权制度创新的绩效进行实证检验。

一、农村集体产权制度创新与区域经济增长

（一）模型构建

为了阐明农村集体产权制度创新对区域经济增长的影响，本书在 C-D 函数中纳入制度变迁因素，构建三个实证模型分别验证制度因素在经济发展中的贡献率（见表 7-4）。其中，Y 表示产出，A 表示技术进步，K 表示资本投入，L 表示劳动投入，I 表示制度要素。α、β、γ、δ、ε 表示产出弹性或影响系数。

表 7-4　模型选择及处理

序号	类型	生产函数	分析模型
（1）	独立型	$Y_{(d,t)}=A^{\alpha}K^{\beta}L^{\gamma}I^{\delta}$	$LnY=\alpha LnA+\beta LnK+\gamma LnL+\delta LnI+\varepsilon$
（2）	资本增进型	$Y_{(d,t)}=A^{\alpha}(IK)^{\beta}L^{\gamma}$	$LnY=\alpha LnA+\beta(LnK+LnI)+\gamma LnI+\varepsilon$
（3）	劳动增进型	$Y_{(d,t)}=A^{\alpha}K^{\beta}(IL)^{\gamma}$	$LnY=\alpha LnA+\beta LnK+\gamma(LnI+LnI)+\varepsilon$

在式（1）中，我们从索罗余量中将技术与制度因素剥离出来，并假设在生产中，制度要素会直接作用于生产，影响到产出水平，即生产函数中共有技术、资本、劳动、制度四个相互独立的因变量。在对其取对数消除方差，引入白噪声后得到了第一个模型估计式。

在式（2）中，假设制度因素不会直接影响产出，它通过作用于资本要素投入，改变资本的生产效率，实现资本的增进，间接影响到生产。此时，生产函数中包括技术、劳动、增进的资本三个因变量。做线性化处理后，我们得到了第二个模型估计式。

在式（3）中，我们假设制度因素作用于劳动要素的投入，

通过有效劳动的增加，实现产出增长。这种生产函数中包含了技术、资本、增进的劳动三个因变量。再做与式（1）、式（2）相同的线性化处理后，得到第三个模型估计式。

（二）指标选取与数据说明

本书以北京市近些年推行的农村股份合作制改革为例，对农村集体产权制度创新与区域经济发展的关系进行实证分析。这场改革从2003年开始在北京12个郊区县推广（2003年之前仅有20个村进行试点改革），到2012年底3804个村进行了改革，完成比例高达95.6%。因此，本书以北京市12个郊区县2003~2011年的面板数据对模型进行估计。

具体指标选取中，因为北京市郊区县有着良好的区位优势，一产比例较低，社区股份合作制改革对区域经济的发展远超过对农业产业的影响，因此本书选用各地区的年度GDP代表$Y_{(d,t)}$。在资本变量选取中，以各区县的历年全社会固定资产投资额表示，技术投入用各地区财政支出中的科学技术支出来表示。劳动投入以城镇单位从业人数和乡村从业人数加总数来表述。这些原始数据来自《北京市区域统计年鉴》《北京财政统计年鉴》和各区县的经济统计年鉴、政府工作报告等资料，各数据在计量分析前均以2000年不变价格进行处理。

在制度因素的指标选取中，本书构建了一个改革完成率指标，由一个区县当年已完成农村股份合作制改革的农村占当地总的农村集体经济组织的比重来描述，它可以刻画出农村集体产权制度改革的完成进度与范围。这些原始数据由各区县每年的农村改革汇报材料整理而得。分析模型中各变量的描述性统计如表7-5所示。

表 7-5　各变量的描述性统计

变量名称	变量	样本量	均值	标准差	中位数	最小值	最大值
区域经济增长	$LnY_{(d,t)}$	90	5.462	1.005	5.3	3.79	8.06
技术进步	$LnA_{(d,t)}$	90	8.038	1.156	7.94	6.27	10.86
资本投入	$LnK_{(d,t)}$	90	5.062	0.846	5.07	3.09	6.46
劳动投入	$LnL_{(d,t)}$	90	4.402	0.699	4.51	3.30	5.99
制度要素影响	$LnI_{(d,t)}$	90	-2.177	1.784	-4.19	-5.81	0.01

结合上文的分析，本书提出两个待验证的假设：①农村集体产权制度创新对区域经济增长具有显著正效应；②农村制度变革是通过对资本的增强来影响到地区生产水平的。

（三）计量检验

在构建起分析模型后，以 LnY 为因变量，将获取的指标数据带入到分析模型中，进行拟合检验。本书用 SPSS 21.0 软件进行最小二乘法估计。表 7-6 是模型的回归分析结果。

表 7-6　各模型回归结果

变量	模型 1（独立型）		模型 2（资本加强型）		模型 3（劳动加强型）	
	回归系数	标准化系数	回归系数	标准化系数	回归系数	标准化系数
常量	-1.206*	—	-0.176**	—	-1.206**	
技术进步	0.176*	0.386*	0.116**	0.134**	0.257**	0.296**
资本投入	0.554*	0.496*	—	—	0.917*	0.771*
劳动投入	0.505*	0.203*	0.407*	0.223*	—	—
制度要素	0.142**	0.052**	—	—	—	—
制度的资本增进	—	—	0.798*	0.697*	—	—
制度的劳动增进	—	—	—	—	0.048***	0.100***
模型检验	调整后 R^2=0.897 F 值=188.578 Sig.=0.000 D.W.=1.503		调整后 R^2=0.908 F 值=189.026 Sig.=0.000 D.W.=1.578		调整后 R^2=0.846 F 值=158.648 Sig.=0.000 D.W.=1.473	

注：* 表示显著性水平为 1%，** 表示显著性水平为 5%，*** 表示显著性水平为 10%。“—”表示模型中不包含该变量。

从分析结果看，模型 1、模型 2、模型 3 调整后的 R^2 均在 0.9 左右，处在可接受的范围，结合 F 统计值，这三个计量模型具有显著的统计意义。各模型中变量的参数均在 0.1 以下的检验水平上显著，可以对模型进行更好的拟合。这说明，2003~2011 年，北京市各区县经济增长可以通过这 3 个模型反映。但从整体上看，模型 2 的拟合程度、变量系数的显著性水平要优于模型 1 和模型 3，且制度变量在模型 2 中更显著，这有助于解释制度变迁对经济增长的作用。

本书主要研究农村集体产权制度创新对经济增长的影响，此处重点分析模型中制度变量的经济含义。在模型 1 中，制度作为一个独立的要素直接作用于生产，通过北京市各区县数据的拟合发现，在这个模型中，制度变量对经济增长的影响系数只有 0.052，也就是说，北京市各区县农村股份合作制改革完成比例每提高 1%，对地区 GDP 的影响只有 0.052%，影响水平远低于资本、劳动和技术要素，特别是资本要素差异可以解释近一半（0.496）的地区经济增长。在模型 2 中，制度作为资本增进型要素被引入模型，回归结果显示其对经济增长的影响系数达到 0.697，即农村股份合作制改革比例 1%的差异将引起 0.7%的区域产出差异，且此时资本的产出弹性增加了 0.201，这在表明制度显著提升了资本的产出效率的同时，再次验证了北京市各区县 GDP 增长主要是资本投资拉动型。在模型 3 中，制度作为劳动加强型被引入模型，结果显示制度要素对经济增长的影响系数仅为 0.100，这说明北京市的农村制度变迁并没有显著影响到人力资本的产出效率，也说明股份合作制改革中涉及人力资本培育的制度创新较少。

综上计量结果，可以发现，北京市农村集体产权制度创新与地区经济发展显著正相关，农村集体产权制度创新对经济发展具有重要的影响，但当前这种影响程度远不及资本、劳动的影响，当制度创新是资本增强型时，其对经济增长影响的弹性系数会更显著。此外，可以发现，模型 2 更适合当前的经济分析，其也能更全面、客观地解释农村集体产权制度创新对经济增长的影响。

（四）计量结果的实践验证

计量模型的分析结论与北京市各区县经济发展的实践是基本吻合的。

首先，3 个模型都证明各地区经济发展中，资本发挥着核心作用，就是说，2003~2011 年，北京 12 个郊区县的经济增长主要是以投资驱动的。实践中，随着中心城区的扩张，北京各郊区县成为北京市重要产业承接地，产业结构迅速升级，基础设施改进、工业和第三产业的涌入使得各地的固定资产投资额迅速攀升，有些地区的全社会固定资产投资完成额已超过全年 GDP 总额，资本是拉动这些地区经济增长的关键。

其次，当制度是资本增强型时，其对经济发展的影响最显著。这个结论也可以在北京郊区县的实践中得到验证。北京市近几年开展的农村股份合作制改革，其核心内容是“集体资产确权”，围绕各地区之前产权不清晰的土地、集体资产、集体收益进行产权的重新配置，这在盘活集体资产、降低市场交易成本中具有重要的作用。据统计，到 2012 年底，北京市 3977 个村级集体经济组织的集体资产总额为 2532.7 亿元，净资产 1086.5 亿元，这些资产如果能合理高效利用，对促进各地区经济发展的影响巨大。同时，股份合作制改革之后，原本涣散的村集体经济组织被股份合作社代替，在权责明晰的激励下，有利于集体资产的保值增值，一定程度上也降低了各地区产业发展的外部性成本。

再次，制度变迁作为劳动增强型时对经济增长的影响，在北京市各区县数据检验中不显著。这个结论可以从两方面解释：一是北京的农村股份合作制改革主要是对土地、资本等实物资本要素的产权改革，对劳动供给的影响较小。唯一的可能联系在于，当股份合作制改革之后，当地农户对土地的依赖降低，有助于增加劳动的供给。而北京市各区县的农村居民中，从事农业的比例很小。昌平区 2011 年的统计数据显示，全区 34.5 万乡村从业人口中仅有 11.2%从事第一产业。此外，北京各区县的劳动构成中，外来人口占很大比例，昌平区也是如此（见表 7-7）。昌平区 2011 年乡镇从业人口中，外来从业人员占 31%，而常住人口中外来人口占到 41%。这种人口就业结构决定了股份合作制的制度变迁对劳动供给的影响非常有限。二是北京市各地区的产业结构不断升级，只有靠人力资本的有效供给增长才能显著提升经济发展的速度与质量。股份合作制改革是一场农村制度创新，增加人力资本的有效供给不是其制度

表 7-7　昌平区 2010 年与 2000 年人口情况对比

单位：万人，%

总量指标	2000	2010	增长率	年递增率
常住人口	61.48	166.05	170.09	10.45
外来人口	15.30	84.71	453.06	18.68
户籍人口	42.74	53.54	25.27	2.28

注：数据来源于昌平区政府《昌平区第六次人口普查情况汇报》。

设计的初衷，而且人力资本的培育是一个漫长的过程，从9年的数据资料中是难以显示出来的。

最后，技术要素对经济增长的贡献有限。北京市各郊区县的产业发展主要是承接中心城区转移出去的劳动密集型、资本密集型产业，技术密集型产业发展还较缓慢。同时，如人力资本培育一样，技术进步也是一个漫长过程，文中时序数列的周期较短，这也限制了技术效应的体现。而且本书侧重研究制度要素的作用，从北京市的农村集体产权改革来看，这对技术要素的影响就更小了，更难以体现出来。

二、农村集体产权制度创新与农民收入增长

（一）模型构建

本书通过构建两个模型验证农村集体产权制度创新对农民收入增长的影响。一是在农村集体产权制度改革的不同完成程度下，将其纳入农民收入增长模型，估计其在模型中的作用，即可反映出农村集体产权制度改革对农民收入增长的影响程度。二是考虑到农村集体产权制度创新的一个显著结果是改变了集体收益的分配方式，通过对比分析农户在制度创新前后集体分红的变化，也能反映出农村集体产权制度创新对农民收入的影响程度。

模型4是包含制度因素的农民收入增长模型。农村集体产权制度创新影响到农民收入增长，但除此之外农民收入增长的影响因素还包括地区经济发展水平、产业结构、农户的人力资本价值、社会福利水平、城乡统筹等因素。基于此，本书以农民收入为因变量，制度变迁为最主要的解释变量，其他因素为

控制变量，构建模型为：

$$LnPI = \alpha LnI + \xi LnY + \eta LnIS + \delta LnH + \zeta LnB + \varepsilon LnU + \Lambda$$

式中，PI 表示农民收入，I 表示制度变量，Y 表示区域经济水平，IS 表示产业结构，H 表示人力资本因素，B 表示社会福利，U 表示城市化水平。α、ξ、η、δ、ζ、ε、Λ 表示不同变量的影响系数。

第五个模型则是对北京市昌平区股份合作制改革前后的集体股份分红进行对比，对改革前一年和改革后一年集体股份分红采取双样本等方差假设检验，以查看两组数据是否存在着明显的均值变化，是否能够较为显著地反映改革前后的差距。同时，假设“改革之前一年的集体分红的均值大于或者等于改革之后一年的集体股份分红的均值”，通过数据验证该假设，最终得出结果。

（二）指标选取与数据说明

在模型 4 验证中，仍以北京市 12 个区县 2003~2011 年的面板数据对模型进行估计。在制度因素的指标选取中，继续使用改革完成率指标，这些原始数据由各区县每年的农村改革汇报材料整理而得。农民收入 PI 由农民人均纯收入表示，区域经济发展水平 Y 由各区县人均 GDP 表示，产业结构 IS 用非农产业比例表示，人力资本因素 H 由每万人普通中学在校总人数表示，社会福利 B 由人均地方财政支出表示，U 表示城市化率。这些指标数据主要来源于《北京市统计年鉴》《北京区域统计年鉴》《北京财政统计年鉴》以及各区县的统计年鉴、政府工作报告和实地调研等资料。分析模型中各变量的描述性统计如表 7-8 所示。

表 7-8 变量的描述性统计

变量名称	变量	样本量	均值	标准差	中位数	最小值	最大值
农民人均纯收入	LnPI	90	9.234	0.267	9.23	8.67	9.90
改革完成率	LnI	90	-2.177	1.784	-4.19	-5.81	0.01
区域 GDP	LnY	90	10.599	1.075	10.345	8.84	14.07
非农产业比例	IS	90	0.863	0.108	0.87	0.65	0.999
每万人在校中学生数	H	90	0.049	0.013	0.047	0.027	0.097
人均财政支出	LnB	90	8.473	1.137	8.384	6.18	11.50
城市化率	U	90	0.573	0.195	0.49	0.33	0.96

第五个模型验证采用北京市昌平区农村集体产权制度改革的调研数据。这些数据来源于对昌平区 16 个乡镇 64 个村庄的 320 户农户的访谈问卷①。该数据涉及改革前三年和改革后三年，具体如表 7-9 所示。

表 7-9 昌平区股份合作制改革集体股份分红变化情况

单位：人

集体股份分红金额	改革前三年	改革前两年	改革前一年	改革后第一年	改革后第二年	改革后第三年
1000 元以下	11	4	7	23	15	4
1000~3000 元	35	25	35	45	28	17
3000~5000 元	11	13	22	38	27	21
5000~7000 元	4	8	12	26	24	9
7000~9000 元	4	6	14	18	17	16
9000~11000 元	0	5	9	10	9	16
11000~20000 元	4	6	11	25	18	22
20000 元以上	0	4	0	11	15	20

注：表中的集体股份分红金额是指受访农户当年拿到的金额。有些农村在改革前后并没有实现分红，故合计数据不是完整的。

① 具体数据来源情况可参见第六章的昌平区调查数据说明。

（三）计量结果分析

本书采用 SPSS 21.0 软件对模型（4）进行最小二乘法估计，检验结果如表 7-10 所示。通过北京市 12 个区县 2003~2011 年面板数据的拟合与检验，在剔除不显著的控制变量后，模型表现出良好的拟合效果，变量参数估计均通过 10%的显著性检验。这表明对农村集体产权创新的制度绩效可通过这个模型评价。

表 7-10　模型回归结果

	标准化系数后的回归结果	检验结果
模型（4）	LnPI=0.341LnI+0.825LnY+0.286LnIS+0.498LnB+0.485LnU+8.004 [2.276**]　[5.485*]　[10.086*]　[6.588**]　[7.195*]	R^2 = 0.900　F 值 = 222.383 Sig. = 0.000　D.W. = 1.675

注：括号内数值为 t 统计值，* 表示显著性水平为 1%，** 表示显著性水平为 5%，*** 表示显著性水平为 10%。

模型 4 分析了农村集体产权制度创新对农民收入的影响。通过模型的拟合回归发现，农村集体产权制度创新对农民收入增长的影响系数为 0.341，即在 2003~2011 年，北京市区县农村集体产权制度改革的完成比例每提升 1 个百分点，可使当地农民收入增加 0.34%。与模型中其他四个控制变量相比，农村集体产权制度改革对农民增收的贡献超过非农产业发展的影响，与城镇化水平、社会福利水平的影响程度相当，但整体上农民增收还主要受区域经济发展水平的影响，它的贡献率达到了 0.825。

进一步对模型 5 进行分析。运用 SPSS 21.0 软件对其进行双样本等方差分析和成对双样本均值分析，检验结果如表 7-11 所示。可以发现，对改革前一年和改革后一年的集体股份分红采取双样本等方差假设检验，输出的 P 值小于 0.05，则说明两样本的均值存在明显差异，为了得到均值变化的方向，再对数据进行二样本分析，成对出现的样本数为 121 个，检验得到的 P 值小于 0.05，因此可以拒绝原假设“改革之前一年的集体分红的均值大于或者等于改革之后一年的集体股份分红的均值”，这说明改革之前农户分红的均值小于改革之后，通过农村股份合作制改革，受访农户的集体分红增加，进而证实农村集体产权制度创新与农户收入增长正相关，这与模型 4 得出的结果相符。

表 7-11 集体股份分红变化的样本分析

	双样本等方差分析		成对双样本均值分析	
	改革前一年	改革后一年	改革前一年	改革后一年
平均	4042.385	7161.14	3409.376446	7764.798
方差	16798836.33	82180137	14635852.83	1.12E+08
观测值	147	198	121	121
泊松相关系数	54350195.86	—	0.562272345	—
假设平均差	0	—	0	—
df	343	—	120	—
t-Stat	-3.88564	—	-5.32167	—
P（T≤t）单尾	0.00006	—	2.42582E-07	—
t 单尾临界	1.64931	—	1.65765	—
P（T≤t）双尾	0.00012	—	4.85164E-07	—
t 双尾临界	1.96690	—	1.97993	—

综上研究结果，农村集体产权制度创新与农民增收具有较强的正相关性，当前的农村股份合作制改革对促进农民增收具有重要的意义，是促进农民增收的一条重要路径。

三、农村集体产权制度创新与城镇化推进

（一）模型构建

前文在对农村集体产权制度创新的动因、影响因素分析中发现，那些已经进行或正在进行农村集体产权制度改革的地区，其城市化水平要比普通农村地区高，说明城镇化水平高可以推进农村集体产权制度创新。而此处我们重点关注的是农村集体产权制度创新是否会推进农村城镇化，进一步提升当地的城市化水平。

为了阐明这种关系，此处将构建一个包含制度因素的城镇化模型。以城镇化水平为因变量，将农村集体产权制度创新的制度变量作为解释变量，再纳入相关的产业结构、地区经济发展水平、社会消费结构、财政实力、人口结构、交通便捷度等控制变量，构建起一个实证模型，验证农村集体产权制度创新这一制度变量在城镇化水平提升中的贡献率。构建模型为：

$$\ln U = \alpha LnI + \xi LnY + \eta LnIS + \delta LnC + \zeta LnF + \varepsilon LnP + \Lambda LnT + \Gamma$$

具体各变量具体含义及指标变量选择如表 7–12 所示。α、ξ、η、δ、ξ、ε、Λ、Γ 表示不同变量的影响系数。

表 7–12　指标变量选择

变量名称	数据指标	变量名称	数据指标
经济发展水平（Y）	各区县当年人均 GDP	社会福利（B）	人均地方财政支出
资本投入（K）	人均全社会固定资产投资额	城镇化水平（U）	城市化率
劳动投入（L）	城乡从业总人数	消费水平（C）	人均全社会消费品零售额
农民收入水平（PI）	农民人均纯收入	地区财政实力（F）	人均地方财政收入
产业结构（IS）	非农产业比例	人口结构（P）	外来人口比例
人力资本（H）	每万人普通中学在校总人数	交通便捷度（T）	每万人地区公路里程

注：表中含上一部分“农村集体产权制度创新与农民收入增长”模型中相关的指标解释。

（二）指标选取与数据说明

同上文一样，此处仍以北京市 12 个区县 2003~2011 年的面板数据对模型进行估计。制度因素指标变量沿用各区县的改革完成率指标。表 7-13 是对各变量的一个描述性分析。

表 7-13 变量的描述性统计

变量名称	变量	样本量	均值	标准差	中位数	最小值	最大值
农民人均纯收入	LnPI	90	9.234	0.267	9.23	8.67	9.90
改革完成率	LnI	90	-2.177	1.784	-4.19	-5.81	0.01
区域 GDP	LnY	90	10.599	1.075	10.345	8.84	14.07
非农产业比例	IS	90	0.863	0.108	0.87	0.65	0.999
城市化率	U	90	0.573	0.195	0.49	0.33	0.96
人均全社会消费品零售额	LnC	90	9.173	1.190	9.565	7.73	13.24
外来人口比例	P	90	0.376	0.220	0.38	0.05	0.89
每万人公路里程	LnT	90	2.806	1.506	3.336	-0.83	4.58
人均财政收入	LnF	90	8.474	1.137	8.385	6.18	11.50

（三）模型验证结果

在对模型 6 采用 SPSS 21.0 软件进行最小二乘法估计后，发现变量 LnF（财政收入）变量未通过 10%的显著性检验，且模型的整体拟合系数仅为 0.703。在此基础上，剔除了 LnF 变量，在进行拟合回归，回归结果如表 7-14 所示，模型整体的拟合度较好，各变量也通过了显著性检验。

表 7-14 模型回归结果

	标准化系数后的回归结果	检验结果
模型（6）	LnU=0.076LnI+0.383LnY+0.569LnIS+0.155LnC-0.154LnP-0.474LnT+0.238 [1.792**] [0.635***] [7.047*] [0.954**] [-2.705*] [-2.705*]	R^2=0.896 F 值=225.049 Sig.=0.000 D.W.=1.514

注：括号内数值为 t 统计值，* 表示显著性水平为 1%，** 表示显著性水平为 5%，*** 表示显著性水平为 10%。

从模型6的回归结果来看，在将GDP、非农产业比例、财政收入、外来人口比例、交通便捷度等因素作为控制变量的基础上，发现农村集体产权制度创新与城市化率正相关，但其影响不是很显著，在模型的六个变量中，其影响系数最小，只有0.076，意味着近十年北京各区县城市化推进中，农村集体产权制度创新影响还较小，这种制度创新对推进城市化发展的贡献还未完全显示出来。

四、计量验证结果的进一步解释

综合上述研究结果发现，农村集体产权制度创新与区域经济发展、农民增收、城市化提升具有较强的正相关性，但其对地区经济发展、农民收入增长的贡献远大于对城市化率提升的影响。结合实践经验，可对这个结果做更深入的解释。

计量结果受到指标选取的影响。本书选取了农村集体产权制度改革的完成村比例作为制度变迁变量，这种评价方式需要进一步考虑制度变量的直接影响和间接影响。对于农户而言，当本村的集体产权制度改革完成之后，农户获取了清晰完备的集体资产收益权，“股权”客观上成为了农户的私有资产，这直接影响到农户财产性收入的增加。当用农村集体产权制度改革完成度考察制度变迁时，制度变量对农民收入增长的直接影响较显著。但当用这个指标考察其对城市化推进的影响时，还应考虑到它的间接影响，而这种影响在计量结果中是反映不全面的。如农村社区股份合作制改革间接影响到农村土地流转、劳动力的转移、现代经营模式的转变，这些间接的影响对城市化的影响才是显著的。此外，农村集体产权制度创新是一个长期的过程，当前的改革只是其中的一个阶段，其对经济社会的影响还需要时间来发酵。实地调研中，当地的一位村干部曾提到“当前农村股份合作制改革只是确定了分蛋糕的规则，但怎么做蛋糕、怎么把蛋糕做大还需要进一步改革”。也就是说，即使农村集体产权制度改革完成村的比例累积到 1，只是意味着这一阶段改革任务的完成，后续的改革还须进行。这一阶段改革的完成对农民收入增加的影响显著，而之后的农村集体经济经营、农村资产的市场配置、乡村治理机制转变等内容的改革对区域经济增长和城市化推进的影响会更加显著。

计量结果受到实证案例的影响。从地域的角度看，北京市各区县的城市化率和区域经济发展水平与其他开展农村股份合作制改革的地区有所不同。以北京市海淀区为例，2003 年该地区的城市化率为 93.6%，2011 年增长到 96.1%，变化的空间较小。在区域经济增长中，该地区非农产业比例在 2003 年就已经达到 99.5%。因此农村集体产权制度创新对城市化率提高的影响极为有限。但从农民收入的角度看，受首都政治、经济的影响，京郊农村集体资产的增值是明显的，这决定了股份合作制改革在增加农民财产性收入的影响上是显著的。此外，从时间的角度考虑，北京市农村集体产权制度改革目前仍是正在进行时，在农村完成了“确权确利”的改革之后，完善农村集体资产经营制度改革将继续推进。本书在计量分析中，选取了 9 年的面板数据，时序时间较短也限制了对农村集体产权制度改革的总体绩效评价。

总体上讲，农村集体产权改革表现出较强的制度绩效。一方面，这种制度创新与区域经济发展、农民收入增长和城市化推进具有正相关，其对区域经济发展、农民收入增长的影响直接且显著，对城市化率提高的影响是间接的；另一方面，在城市化水平、非农产业比例都较高的地区，农村集体产权制度改革的制度绩效水平不是很显著，但在其他地区，这种影响将有更大的发挥空间。而且制度创新在经过较长时间的完善调整之后，其制度效应将更加显著。

第四节　本章小结

本章以农村集体产权制度改革完成率作为衡量制度变迁的指标，对北京市 12 个郊区县 2003~2011 年的农村集体产权制度创新的绩效影响进行了实证检验，得出以下结论：农村集体产权制度创新导致农村市场经济环境发生变化，资源的市场有效配置、交易费用的降低、产权的有效保护有助于区域经济的发展，资源的市场配置、产权有效保护、程序公正和资产收益预期有助于提高农民收入、推进城镇化进程；农村集体产权制度改革完成情况与农民收入增加、区域经济发展、城市化推进具有较强的正相关，且农村集体产权制度创新对农民收入增长的影响最显著；农村集体产权制度创新对农民收入增长的影响直接且显著，对区域经济发展和城市化率提高的影响是间接的，且随着制度创新的不断完善，这种影响会更加显著。

在上述结论基础上，本章得出三点政策启示：

一是要继续推进农村集体产权制度创新。改革不是一蹴而就的，许多制度效应的发挥需要长时间的酝酿与传导。虽然2012年北京市农村集体产权制度改革完成比例已达到95.6%，但当前的改革仍存在着许多不完善的地方，需要不断地调整与创新。

二是要加快构建农村集体产权制度创新的政策支持体系。农村集体产权制度创新对区域经济发展和城市化推进的影响是间接和长期的，只有构建起完善的政策支持体系，才能引导改革向着预期的方向前行，保证制度创新步入良性路径依赖之中。从这个角度出发，改革完成之后，要加快构建农村集体产权制度的政策支持体系，包括改革现有的征地制度、户籍制度等，深入推进农村市场经济体制改革，完善农村产权的法律保障。

三是探索不同形式的农村集体产权改革模式。农村社区股份合作制改革的制度绩效源于产权的有效保护，只有构建起有效率的产权结构才能推动区域经济社会发展。农村社区股份合作制改革只是其中一种有效的改革模式，对区域优势不明显的农村地区不具有普适性。因此，农村改革要围绕产权保护的实质，探索不同形式的产权改革模式，政府应该结合各地具体情况，对农村集体产权制度改革实行分类指导。

第八章
农村集体产权制度的创新发展路径研究

本章聚焦于农村集体产权制度的未来创新发展，通过分析农村集体产权制度创新的制度环境约束，探讨农村集体产权制度创新的发展趋势，结合不同地区农村改革面临的制度环境与未来农村集体产权制度改革的方向，分析不同地区农村集体产权制度创新的路径。此外，十八届三中全会在对农村的改革部署中，明确提出了“发展农民股份合作”和“建立城乡统一的建设用地市场”两项安排，本书将对这两项典型内容的未来创新发展进行探讨。

第一节　农村集体产权制度创新的制度环境约束

制度安排必须与制度环境相互耦合才能发挥制度最大的功效，制度的创新与演进，必须得到制度环境的支持与约束。从这个角度看，任何一项制度创新必然存在着一个改革边界，而这个边界区域是由制度环境决定的，超越了这个边界的制度创新要么是“镜中花”，要么在高昂的交易成本下制度创新表现为负效应。回顾中国历史，两个典型案例可以证实这一观点：一是清末的戊戌变法运动，在资本主义发展不充分，半殖民地半封建社会的中国进行资本主义改革维新，建立资本主义社会无异于“镜中花”；二是近代的人民公社运动，在这场运动中，整个国民经济社会承受了巨大的成本。

在前文对农村集体产权制度的变迁动因、博弈进程、改革影响因素及制度绩效评价中，我们发现农村集体产权制度创新的各个环节都受到一些因素的限制，有效的农村集体产权制度创新必须能够与当时当地的制度环境有效耦合，不同制度环境下的创新类型是不同的。基于此，本节主要分析三个问题：一是农村集体产权制度创新的制度环境由哪些要素构成，二是归纳农村集体产权制度改革的制度环境类型，三是分类探讨不同地区农村的制度环境约束。

一、农村集体产权制度创新的制度环境构成

如果把制度环境看作是一个系统的话，那么其由市场与经济环境、社会政治环境、要素禀赋环境三个子系统组成。这三个子系统相互衔接与制衡，共同刻画出一个空间系统，而这个空间区域决定了制度安排的集合范围。制度环境的空间区域也成为了制度变迁的边界范围，超越这一空间的制度安排都是行不通的。具体到农村集体产权制度创新，其改革变迁也是由其对应的制度环境决定的，我们从这三个方面进行解释。

经济环境。经济基础决定上层建筑，尤其是在市场经济中，经济因素在制度变革中扮演核心角色。一般而言，经济环境对制度变迁的影响表现在三个方面：一是经济发展水平对制度的变革成本有重要影响。较高的经济发展水平使得社会（个人）能够承担更大的制度创新成本，进而提高制度变革的有效性与准确性。前文在分析北京股份合作制改革案例中的一个重要结论就是“经济发展水平高的地方才有改革的需求与动力”。二是经济环境包含了许多促进市场交易的规则规范，这些基础规则是制度创新的基础，且基础规则越多、越丰富，制度创新的边界越宽。经济环境的成熟与完善是提高制度变迁速度和拓宽制度变迁范围的基础。不难发现，中国东部沿海地区的农村制度创新频率要高于中西部地区，这与其较早的市场经济改革紧密相关。三是经济的发展有助于提高经济主体的市场意识，而市场意识的提升在推进“以市场化为目的”的制度创新中具有重要作用。市场化改革中，参与主体市场意识的提高可以提高其行为理性和参与规范性，降低改革博弈中的交易成本与摩擦成本，有助于制度创新的顺利实现。农村集体产权制度创新是农村市场化改革的重要组成，之前的研究结论也表明“农户的市场参与意识与集体产权制度改革成效显著正相关”。

政治环境。制度环境中的政治环境可以分为两大类：一类是维持经济社会生活的政治、社会、法律的基础规则，包括正式的和非正式的，如宪法、宗教、道德规范等。另一类是意识形态，特别是政府的意识形态。如社会主义与资本主义、独裁与民主等。政治环境对制度变迁的限制与约束作用是明显的。对于第一类政治环境，一方面，社会规则的完善可以降低制度变迁中的交易成本，提高制度创新的成功率；另一方面，政治环境直接限定了制度变革的范围。如宪法决定了社会制度变迁的大方向，具体的法律规范会对制度创新的内容与程序进行约束，社会道德准则决定了社会对制度创新的容忍度等。对于意识形态这类政治环境，其对制度变革影响最极端的形式就是阶级革命，地主阶层与农民阶层、资产阶级与工人阶级的对立与革命都是意识形态差别太大导致的。具体到中国的农村集体产权制度创新，民主集中制的决策体系决定了政府是主导农村改革的核心，社会主义政体决定了其不可能走私有化改革之路。意识形态也有节约信息费用的优势，正确的意识形态应用可以显著降低制度创新的成本，提高制度变革的绩效。家庭承包制的迅速推行除了其制度有效性外，政府强有力的行政动员能力也发挥了重要作用。

要素资源禀赋。一是要素资源的稀缺程度直接影响到制度创新的方向。前文分析中，要素稀缺导致要素相对价格的变动，这是制度创新的根本动因。从农村集体产权制度创新看，不同地区的农村其资源禀赋存在显著差异，其对应的制度创新选择集合也不同。要素资源禀赋的差异划定了可供社会选择的制度安排的范围。二是资源的属性决定了其产权结构，不同产权类别的制度变革对应不同的制度创新路径。以农村土地为例，其生产的功效体现了土地的经济属性，提供农村就业岗位、维持农村社会稳定体现了政治属性，为农民提供可预期的收入体现了社会保障属性，保持生态平衡中体现了生态属性。当我们只考虑它的经济属性时，私有化是有效的产权制度，但在考虑其社会属性、生态属性时，国有化反而更有效。从这个分析中看到，不同的资源属性决定了其对应的制度变革的类型与范围，对资源属性的不同侧重点，决定了它的改革边界。

二、农村集体产权制度创新的制度环境分析

为进一步说明情况，我们构建了一个制度创新的环境三维简图，用经济环境、政治环境、资源禀赋三个维度刻画不同地区、不同发展阶段的农村所处的制度环境，并根据这种制度环境分类探讨不同农村的集体产权制度创新的边界。

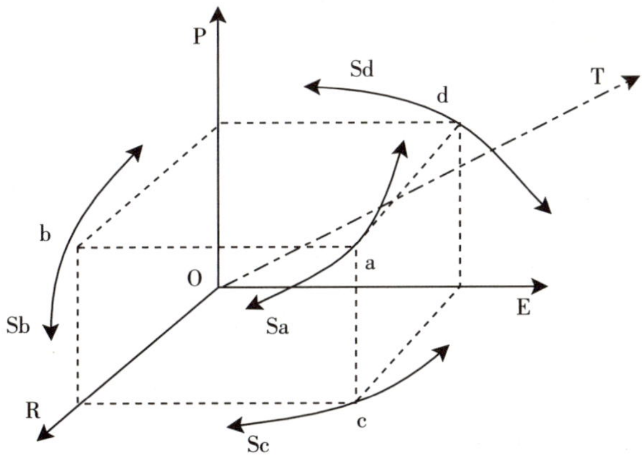

图 8-1 集体产权制度创新中农村制度环境三维图

图 8-1 中，E 轴表示农村面临的经济环境，较大的赋值表示市场经济发展水平高，经济总量较大，农户与集体组织的市场经营理念较强；P 轴表示农村面临的政治环境，此处假设 P 值越大，一方面，表示政府农村改革的意愿较强，行政对经济的干预较小，农户的权利意识较强，参与集体经济经营管理的积极性较强，另一方面，代表当地的法制水平较高，且主流社会思潮倾向于产权保护或政府产权管制放松；R 轴表示农村面临的资源禀赋，用生产要素的相对价格来表示，假设其越远离

原点，生产要素价格越高，总的资产价格越高。在这个三维图上，不同的点代表了不同的制度环境，不同地区、不同发展阶段的农村所面临的制度环境都可以用图中的点来描述。此处，我们通过几个特殊点来分析农村集体产权制度创新的边界。

O 点（原点）是一个基准点。其可以理解为经济发展水平较低、生产要素价格相对较低、政府与个人的改革积极性不强、社会法制不健全的农村地区。这些农村的经济社会相对封闭，对集体产权制度进行改革的需求不是很迫切。现实中，改革开放之初的农村多数处于这种水平①。虽然近些年农村改革不断推进，但中西部地区许多农村还是处在离 O 点很近的区域，其所面临制度环境未有太大的变化。

a 点刻画了三个维度达到一个较大值的点，在这一点上，经济发展水平较高，集体资产的总量较大，生产要素较稀缺、相对价格水平较高，政府与个人的改革意识较强，而社会法制规范达到一个较高的水平。这些地区的农村实际上已经高度城市化，且有些农村在发展过程中已经历了多次集体产权制度改革。当前，东部沿海地区、大城市郊区的农村都已陆续进入这个水平，其所面临的制度环境在图 8-1 中主要分布在 a 点附近，它是与 O 点情况完全相反的另一极端环境形势。图中用 Sa 曲线代表其进行产权制度改革的边界。

b 点表示在这个区域，生产要素相对价格较高，集体资产总量较大，且政府与个人的集体产权制度创新意愿较强，社会

① 在本节的分析中，所指的集体产权制度改革主要是改革开放后的制度创新。之前的人民公社制度不作为重点分析对象。

中倾向于对产权进行有效保护，但该区域的整体经济水平不高。这些信息所对应的农村主要是那些资源禀赋较好的农村。这些农村矿产、旅游等资源较丰富，地理位置相对偏僻（非城市郊区或沿海地区），资源开发使得村集体资产迅速增值，但整体经济发展水平较低，且农村社会在资产收益分配中的问题较多。如山西省一些煤矿资源富集的农村。图 8-1 中用 Sb 曲线代表其进行产权制度改革的边界。

c 点意味着生产要素的相对价格较高，经济发展水平较高，但该地的政治环境水平不是很高，政府的行政管控意识较强，且社会法制规范相对不完善，农村集体改革的主动性不强。实际中，中西部地区的城郊区、城中村是典型代表。

在 d 点，这些地区的农村经济的市场化水平较高，社会法制基础较完善，政府不断放松对农村集体产权的管控，村民要求进行改革的意愿不断增强，但这些地区的资源开发尚处在起步阶段，要素的相对价格仍较低，集体资产的增值收益还不是很高。实际上，中东部地区的农村，除了那些集体经济发展较好的农村，大部分是这种情况，虽然集体产权制度创新不是很迫切，但这些农村是未来城镇化战略实施中农村改革的重点。

如果以建立现代市场经济产权制度为农村集体产权制度创新的终极目标[①]，那么 a 区域内的农村是离这个目标最近的，对其进行改革最有可能实现这一目标，工作量和难度是最小的。反之，O 点的农村地区进行现代产权制度改革的难度较

① 农村集体产权制度创新目标是动态变化的，当前农村集体产权制度创新的目标就是构建现代产权制度。

大，需要分阶段逐步推进。而b、c两个区域较为特殊，其所包含的农村占整体的比例较小，其面临的制度环境整体上有助于进行现代产权制度改革，但其改革难度要高于a区域的农村。在d区域的农村，其是未来农村集体产权制度改革的重点，改革难度介于a和O之间。将这些地区的改革边界结合起来，从原点O出发画一条射线T，该曲线延伸的方向代表了随着三种制度环境水平的不断提升，以构建现代市场经济产权制度的农村集体产权制度改革的趋势。总体上讲，在进行农村集体产权制度创新时，必须充分考虑该地区的农村制度环境，在可行的制度创新边界内进行改革，使制度创新能够与制度环境耦合，保证农村集体产权制度创新的整体效益最大化。

第二节　制度创新边界约束下的农村集体产权制度的创新发展路径分析

上文将不同地区农村面临的制度环境进行了分类，分析了其所对应的制度环境约束特征。此处，本书将结合未来农村改革的大方向，分析不同地区农村集体产权制度创新的发展路径。

一、未来农村改革的总体方向

十八大将新型城镇化作为未来中国经济发展的战略抓手，并把“改革农村集体产权制度”作为一项重要任务。十八届三中全会上进一步明确提出“健全归属清晰、权责明确、保护严格、流转顺畅的现代产权制度”。从中央的文件指向来看，以现代产权制度为核心的农村集体产权制度创新将成为未来一段时期的政府工作重点。

从农村集体经济发展的角度看，政府支农惠农的政策导向短期内不会改变，而城镇化战略的实施，必将有大批的政府资金和社会资金涌入，这对拉动未来农村集体经济的增长具有重要的意义。据测算，到2020年我国城镇化率将达到60%，由此带来的投资需求预计高达42万亿元[①]。另外，随着农村市场化改革的深入与现代产权制度的完善，盘活农村资源要素将为农村集体经济发展提供强有力的支撑。十八大三中全会上提出了建立城乡统一的建设用地市场，而若将2.46亿亩的农村建设用地推入市场，其价格或高达130多万亿元，若进一步考虑农民承包地的流转，仅耕地一项每年将撬动1.3万亿元的资金[②]，未来农村集体经济的发展蕴含着巨大的潜力。此外，农业的整合升级、非农产业的区域转移、农村产业链的整合都将使农村发展受益。总体上讲，未来农村集体经济将表现出快速发展的趋势。

未来的农村改革也面临着约束。一是我国的国情与政治体制，决定了农村制度创新中完全的私有化是难以实现的，这是政府推动制度创新的一个底线。陈锡文（2014）提出，中国农村改革的一个不能突破的底线就是“农地的集体所有制”。因此，未来的农村集体产权制度创新中不应碰触到所有权的改

① 该数据来源于证券时报网（2014-03-20）。
② http：//house.people.com.cn/n/2013/1126/c164220-23660864-3.html.

革。二是中国人地关系紧张的特殊国情。因为人多地少，中国的农地承载了粮食安全、维持农村社会稳定、保护生态环境等社会职能，这也决定了以农地为主体的集体产权在改革创新中，不能只考虑其经济与市场属性，要综合权衡其他社会职能的实现，“一分了之”“完全市场调节”的改革方式是行不通的。三是集体经济的发展。虽然农村集体产权制度创新是一个热点，但真正有能力进行改革的农村所占比例不足10%。绝大多数农村的集体经济发展缓慢、无集体经济收入，对其进行现代产权改造产生的直接效益不明显，且成本巨大。在未来的农村产权制度改革中，一刀切式的改革方式不可行，必须结合集体经济的发展程度，动态推进改革。

综上分析，一方面，未来农村集体产权制度创新的趋势不可逆转，另一方面，对农村集体产权制度改革的约束长期存在，为了实现这两者的有效契合，有必要构建一条中国农村集体产权制度创新的路线图，分析不同地区、不同阶段的农村集体产权制度改革的任务与内容，从发展的角度推进农村集体产权制度改革。

二、农村集体产权制度的创新发展路径分析

此处，结合不同地区农村改革面临的制度环境与未来农村集体产权制度改革的方向，按照上文对农村分类，分析不同地区农村集体产权制度的改革创新路径。

对于图8-1中的a类地区，未来集体产权创新的重点应该是确权与集体经济的发展。a类地区城市化水平发展较高、集体资产雄厚、集体经济经营状况较好，股份合作制是当前其制

度创新的主要形式，东部沿海地区、大城市周边地区的农村普遍进行了这种改革形式。在对北京市昌平区农村集体产权制度改革的调研中，被调查农户在回答“改革中最应该解决的问题”的问题中，32.56%的被调查农户认为集体资产的经营问题是产权改革过程中最应该解决的问题，而28.87%的被访群众则认为集体资产的监督状况应该是集体产权改革过程中的重点（见表8–1），集体资产的经营管理、集体经济的发展成为了产权制度创新中农户关注的焦点。因此，未来集体产权制度创新中，从确权的角度，这些地区要进一步明确农户与集体的产权结构，理清农户、集体、政府的产权关系，在农村集体产权的配置中，政府的权利要逐步削弱，农户的权利要加强与做实。用现代企业制度来引导农村股份合作制的进一步创新。从集体经济发展的角度看，这些农村的经济发展实力较强，改革后要着力于集体经济的发展，搞好集体资产的经营管理，利用现代企业制度、职业经理人制度促进集体经济的发展。

表8–1 改革过程中最应该解决问题的问卷调查

集体产权改革中最应该解决的问题	人数	百分比（%）
集体资产的经营	141	32.56
集体资产的分配	63	14.55
集体资产的分红	104	24.02
集体资产的监督	125	28.87

注：数据来源于昌平区农村集体产权制度改革调研。

对于b类地区，其未来集体产权制度创新的重点在于确利。这些地区农村的集体经济发展主要是靠资源开发，村民以村内福利的形式享受到集体资产的增值收益。但随着经营主体向企业的转变，如何使村民稳定享有集体资产的开发收益，更好地“确利”是这类地区集体产权制度创新的重点。结合当前的实践，“确利”可从三个方面推进：一是尽快确定村集体资产的范围，包括集体土地、集体的积累资产（含企业）、集体的收益债务等，特别是明确矿产资源的分布边界，只有搞清楚集体资产的构成，才能有效地对集体产权进行分配。二是实行政经分离，以现代企业的形式重构独立的集体经济组织，保证集体资产能够保值增值，有能力的农村地区要加快产业结构升级，集体经济组织以独资、合资、参股等形式兴办现代企业。三是形成并固化农村集体成员的集体收益分配方案，以契约的形式明确村委会、集体经济组织、村民、企业等主体的权利构成，保障全部集体成员都能享受到被资本化的资源。

对于c类、d类地区，由于城市化的快速推进，这些地区的农村将很快转变为城市社区。因此，未来这些地区农村集体产权制度改革的重点是确权确利。一方面，在“成员权”的基础上，明确集体成员享有的各项权利，确定集体资产收益的分配方案，推进政经分离，对于集体实力较强的集体经济组织，要加快向现代企业的转变；另一方面，考虑撤村建居后的新形式，拓展集体产权的结构。农村转变为社区后，农民转变为市民，对农村土地等集体资产的依赖降低，农村变为了城市，其所肩负的维护农村社会稳定、生态环保的职能也消失。在这种制度环境下，可以考虑集体产权的对外转让和集体资产的市场化经营，利用市场配置集体资源可提高集体资产的收益效率，在改革中要朝着这个方向拓展产权功能。

O区域的农村，代表了中国大多数农村所面临的制度环境。从未来集体产权制度创新的角度来看，其改革的重点在于土地确权以及土地流转权。由于这些农村的集体经济普遍发展缓慢，随着农村劳动力的转移，农村经济更显凋敝，他们所拥有的集体资产就是土地。所以，未来其改革重心在土地权利的调整上。首先，完善土地承包经营权。在家庭承包制的基础上，明确农户的土地承包权利，通过稳定承包期限、颁发土地承包经营权证、减少土地调整频率等方式稳定农户的土地承包权。其次，开展土地确权。在完成对村集体土地确权的基础上，对农户土地使用权（农地承包权、宅基地使用权、林地山地承包权等）的确权颁证，通过确权将农户对集体土地的承包权转变为一种事实所有权，进而形成一种稳定的财产权。最后，要拓展农地的产权结构，十八大提出了土地承包权与经营

表 8-2　不同农村地区集体产权制度创新的路径分析

区域	制度环境特征	制度创新路径	典型地区
O 点附近	经济发展水平较低 要素价格相对较低 产权意识不强、社会法制不健全	稳定土地承包权 开展集体资产的确权颁证 拓展集体产权的产权结构	中西部经济欠发达的农村地区
a 点附近	经济发展水平较高、集体资产的总量大 要素较稀缺、相对价格水平较高 产权保护意识较强、社会法制规范完善	确权与集体经济的发展 股份合作制改革 现代企业、职业经理人制度	东部沿海地区、大城市周边地区农村
b 点附近	要素相对价格较高，集体资产总量较大 产权制度保护与创新意愿较强 区域的整体经济水平不高	资产评估，确权确利 政经分离，建立起现代企业制度，确保集体资产保值增值	资源富集型农村地区（矿产、旅游等）
c 点附近	要素的相对价格较高、经济发展水平中等 市场意识不强、政府的行政管控意识较强 社会法制规范不完善，改革的主动性不强	成员权的界定 股份合作制度改革 建立现代企业制度	中西部地区城郊区、城中村
d 点附近	市场化水平较高，社会法制基础较完善 政府与农户产权保护意识不断增强 要素相对价格与集体资产收益相对较低	成员权的界定 拓展集体资产产权结构 拓展集体产权结构	除经济较发达的中东部地区农村

权分离，为不同地区农村拓宽农地的转包、租赁、入股、继承等权利，完善土地的物权属性，提供了有力的政策保障。

第三节 典型模式的未来创新发展研究

十八届三中全会对未来农村的改革发展做出了部署，在“赋予农民更多财产权利”的改革部署中明确提出了“发展农民股份合作”和“建立城乡统一的建设用地市场”两项安排。实践中，农村股份合作制改革与农村集体建设用地制度创新一直都是农村集体产权制度创新的重要内容，政府再次把这两项改革纳入到国家战略中，更凸显了这种制度创新的重要意义。因此，本书对这两项典型内容的未来创新发展进行探讨。

一、农村股份合作制的创新发展研究

（一）农村股份合作制发展现状

农村股份合作制是农村集体产权制度改革中的一种重要制度创新，主要包括社区型股份合作制和企业型两大类。农村股份合作制改革开始于广东南海，之后在广东、上海、江苏、浙江、北京等地区推展开，已成为当前农村改革的常见形式。表8-3归纳了北京市朝阳区股份合作制改革的5种典型模式（方爱明等，2012）。农村股份合作制改革通过“资产变股权，农民变股民”的方式，实现了对集体经济组织的再造，促进了农村集体经济的发展。一些研究者认为，“农村股份制是继家庭

承包制后的又一次伟大创造”（李英杰，1999）。从前文对北京市昌平区农村集体产权制度改革案例的分析中，不难发现这项制度创新具有重要的实践意义。

表 8-3 北京市股份合作制改革典型模式比较

模式	产权范围	集体产权性质	股权设置	产权组织结构
南磨房模式	乡级产权	经营性资产	集体经济产权为量化股权	乡级统筹运行管理
大屯模式	乡级产权	经营性资产	设置农龄股，未设集体股	股份制企业
奥运村模式	乡级产权	经营性资产	设置个人股	股份合作制企业
崔各庄模式	乡级产权	土地资源型资产	设置基本股、个人股	股份合作制联社
红军营模式	村级产权	经营性资产	量化股权，设置集体股、个人农龄股和农业劳力户籍股	社区股份合作制企业

注：表中内容来源于《城市化进程中农村集体产权制度变迁对策》（方爱明、魏晓洁、王得海等，2012）。表中“乡（村）级产权”为乡（村）级集体经济产权。

（二）当前改革面临的问题

虽然农村股份合作制改革经过了长期的实践，也取得了巨大的成效，但这项制度创新仍存在着不完善之处。在当前的经济社会环境下，其存在的问题主要在于：

1. 集体资产的经营问题

股份合作社经营管理集体资产的能力整体偏低。以北京市昌平区为例，集体产权改革之后，股份经济合作社一般都是由村两委班子成员交叉任职，实际经营管理集体资产的人员并未产生明显变化，管理人员受教育程度和管理水平整体偏低，不具备专业化的管理素质和能力。在集体资产规模有限、经营内容较少的情况下，这样的管理团队暂时不会出现太大问题，然而一旦出现集体资产规模提高、经营内容多样化增强，甚至资本运作这样的市场化经营方式引入到农村之后，经营团队的经营管理能力必将受到巨大的挑战和冲击。集体资产保值无忧但增值困难。

当前，昌平区的农村集体资产以土地、物业等资源性资产为主，经营方式主要是出租，相对来讲，这种资产经营的方式风险较小，一定程度上可以实现集体资产的保值。但实现集体资产的增值，获得更大的收益，为村民带来更大的分红，还需要进一步探索。一位村干部形容这个问题是：分蛋糕的规则都有了，却没有蛋糕可分，规则就成了摆设。由于村里缺乏专业的经营人才、缺乏相应风险管控机制、缺乏相应的经营激励机制，难以对村资产进行大规模的社会化经营，实现利润最大化。

2. 改革后的村庄治理问题

股份合作社“政企合一”的本质没有变化，交叉任职的方式使得集体资产管理者普遍存在不求有功但求无过的心态。产权改革过程中，村干部大多也在股份合作社任职，尤其是在北京市昌平区，大多数的村支书兼任股份合作社董事长。这样的管理方式，使得股份合作社的经营仍然是行政化的，管理者首先是行政人员，他们有一定的任期，在任期之内的首要任务是完成上级布置的行政指标，而不是经营运作集体资产。此外，经营运作集体资产面临着巨大的风险，村干部大多不会选择冒这种风险，而只是希望在任期内不出现大的失误，他们要做的就是保证集体经济正常运行。这样的管理方式缺乏市场化观念，有违产权改革经营壮大集体经济的初衷。

此外，股份合作制改革完成后需要考虑农民就业问题。当前的农村股份合作制改革多发生在城市化水平较高的农村地区，其所面临的农村劳动力就业问题异常严峻。以北京市昌平区为例，随着乡镇企业大量破产倒闭，很多村民失去原来的工作，存在大批“40后”、“50后”人员无法就业，既没有工作又无地可种。一些靠近城镇的村庄，农民主要靠出租房屋维持生计，俗称“瓦片经济”，私搭乱盖等违章建筑为低收入者提供住所，绝大部分村民只是等待拆迁。这种畸形的农村劳动力就业，造成了巨大的社会隐患。因此，如何以集体产权制度创新为契机，为农民提供广阔而优质的就业机会，成为下一步改革需要重点解决的难题。

3. 产权制度设计存在不合理之处

股份固化和股份调整均存在问题。一是“生不增、死不减”的固化股权在一定程度上存在不合理之处，对于那些家里老人少的年轻人，其所能分享到的集体股份就较少，而一些靠继承得到大量股份的村民有可能招致其他村民的不满，长此以往，容易成为矛盾的根源。如前文所述，“转非”的农民继续占有集体资源也会造成尚未“转非”农民的不满。二是“增人增股，减人减股”的股权设置并没有触动产权改革的根本——所有权，改革的仅仅是收益权。比如，昌平区阳坊镇和苏州市的远郊农村，村民的股份是1年一调整或者3~5年一调整的，由于婚嫁、出生等原因产生的新增户籍人口可以获得股份，而去世老人或者迁出农民的股份则由集体收回。这样的产权改革是不彻底的，改革的仅是收益权而非所有权。

股份的继承和转让存在潜在矛盾。昌平区的产权改革制度设计设置了固化的私有股权，股份理所当然可以继承，这在昌平区产权制度改革的政策文件中得到了确认。但是，政策文件同时规定，股份的转让只能在股份合作社内部进行，不能突破集体界限。然而，个人股在继承过程当中，一定会出现继承者不是股份合作社社员的情况，这样，股份所有者就突破了股份合作社的界限。所以，股份转让必须在股份合作社内部进行这条规定，也就失去了意义。

4. 农村股份合作社运行效率较低

股份合作社经营集体资产存在较大阻力，股份经济合作社经营职能虚化。一些村庄的公共积累资产较多，流动资金较为可观，但受到来自上级政府和村民的双重阻力，股份合作社从未进行过任何投资活动。目前，昌平区普遍执行着“村账镇管”的财务政策，村里面设有财务人员，但账目统一由镇上管理和核算，村里的财权被集中到了镇里，村子进行资产投资、经营活动受到很大的制约。根据集体资产财务管理制度，村里任何大额支出项目都需要经过村民代表大会表决通过，而村民对村干部或者股份合作社管理人员的经营能力普遍持怀疑态度，而且农民普遍有一种能赚不能赔的心态。在这样的环境下，股份合作社管理人员（村干部）一般都没有进行投资经营的积极性，他们要做的事就是经营管理集体资源，获得租金等资源性收益。由此，股份合作社的经营职能没有坐实，较少践行经营职能。

（三）未来发展研究

制度创新需要不断的纠偏与调整，才能保证制度进入一个良性的发展路径中。根据当前农村股份合作制发展面临的问题，本书认为未来农村股份合作制改革应该从以下几个方面着手：

第一，股份合作社经营管理引入总经理负责制，坚持做到

“政企分家”。改革股份合作社“政企合一”的管理方式，引入总经理负责制，将股份合作社的经营职能委托给专业的经营管理团队，董事会和监事会起到决策和监督的作用。聘任高水平的经营管理人才，担任股份合作社总经理，引入现代的经营理念，充分发挥股份经济合作社的经营职能，使股份经济合作社不仅能发挥“分蛋糕”的功能，更有能力将集体资产的蛋糕做大、做强，使股份合作社真正做到市场化运营。

第二，完善股份合作制下的股权设置。针对当前农民所拥有的股权不能转让、抵押、退股的问题，要适时完善这些股权的设置，赋予集体成员的退出权。一是制定具有可操作性的股份继承和转让实施细则。明确集体股份获得者的身份，将股份继承和转让的对象及过程细化，明确股份通过继承和转让进行的流转，是否一定要限定在股份合作社范围内。从现实看，当前普遍实行的“法定继承、内部转让”的政策，具有保护私人财产继承权、调动集体组织成员积极性的作用。在股份转让中预设相应条款，当条件具备时，如大多数农民（股民）同意或提议，也可以允许股份自由转让。二是考虑集体成员变动后的股权变更问题。在昌平区股份合作制改革的调研中，绝大多数群众希望配股之后“生不增、死不减”，股权确定后就不要再做调整。这种配股方式固化了股权，化解了股权再次分配可能带来的纠纷，简化了股权分配的流程。但这种单一的配股方式也存在一定的不合理性，特别对于那些家里老人少的年轻人，其所能分享到的集体分红较少，而一些靠继承得到大量股份的村民有可能招致其他村民的不满，长此以往容易成为矛盾的根源。因此，未来发展中，如何协调新老人口交替导致的集体成员变动是深化股份合作制股权设置的一个重点问题。

第三，深化农村集体产权改革，对集体股进行二次、三次量化。农村集体资产归农民集体所有，农村集体经济组织只是代行集体资产的所有权。因此，从理论上讲，完善农村集体产权制度，还需要对集体股进行二次、三次量化，逐步减少，直至为零。从实践看，推行农村集体产权制度创新，第一次集体资产量化确权就应最大规模地减少集体股、分配农民成员股，而且应该允许成员股份继承和转让，以最大限度地避免频繁调整农民所持股份。此外，对由于种种复杂的历史原因，仍然保留较高比例集体股的村庄，可以考虑明确集体股的应有份额和使用方式，设定缩减目标，通过二次、三次量化逐步减少集体股份额。

第四，完善改革后的乡村治理机制。着力推进“政经分离”，股份合作社负责集体资产的经营管理，村两委负责村庄治理，避免负责人的交叉任职；对集体股的股份收益处理的主体是股份合作社，形成村公共服务购买机制，避免村干部干涉集体收益的分配；完善村干部（含股份合作社负责人）薪酬管理体制，改革村级财务管理体制；利用村民大会和股东大会的有效渠道，构建乡村治理的权利制衡机制。

二、农村集体建设用地的创新发展研究

（一）农村集体建设用地流转的现状

近些年，各种正规的、隐形的农村集体建设用地流转已蔚成风气。特别是一些大城市的城郊村，对农村集体土地的征收与占用不断增加。在对昌平区的调研中发现，2000 年之后昌平

区农村集体建设用地流转成为一种常态（见表 8-4）。但与蓬勃快速发展的实践相比，其对应的制度建设却是步履维艰。一是法制建设不完善，已有的制度框架已远远滞后于实践发展的需要。国家层面的制度设计缺乏突破性创新，且限制规定多于支持、引导。地方法规缺乏法律依据，操行性差，监管机制不完善容易引发管理混乱。二是农村集体建设用地流转的外部法制环境不健全。虽然近几年政府扶持“三农”的力度不断加大，但长期以来形成的不公平性、歧视性、城市偏向性的农村政策体系仍对农村集体建设用地的流转产生制约，如城乡分割的户籍制度限制了农户宅基地使用权的流转。农地制度、农村社会保障制度、乡村治理制度等都处在一个调整优化的时期，相关制度的不完善也对其产生影响。农村集体建设用地流转陷入一个制度困境之中。

表 8-4　昌平区 2000~2011 年农村集体土地征收出让情况统计表

单位：亩

年份	2000	2001	2002	2003	2004	2005	2006	2007	2008	2009	2010	2011
征地数量	1894	23694	12203	20772	7150	5071	6116	3457	5582	6623	9079	2361
土地出让	3032	3435	5225	12609	17300	2426	9402	5242	4923	2220	4860	6241

注：数据来源于昌平区国土资源分局调研。

（二）农村集体建设用地流转的制度困境研究

归纳起来，农村集体建设用地流转的制度困境主要体现在制度缺失、制度偏好、制度冲突、制度虚置四个方面，且四者是相互交织、相互影响的，如图 8-2 所示。

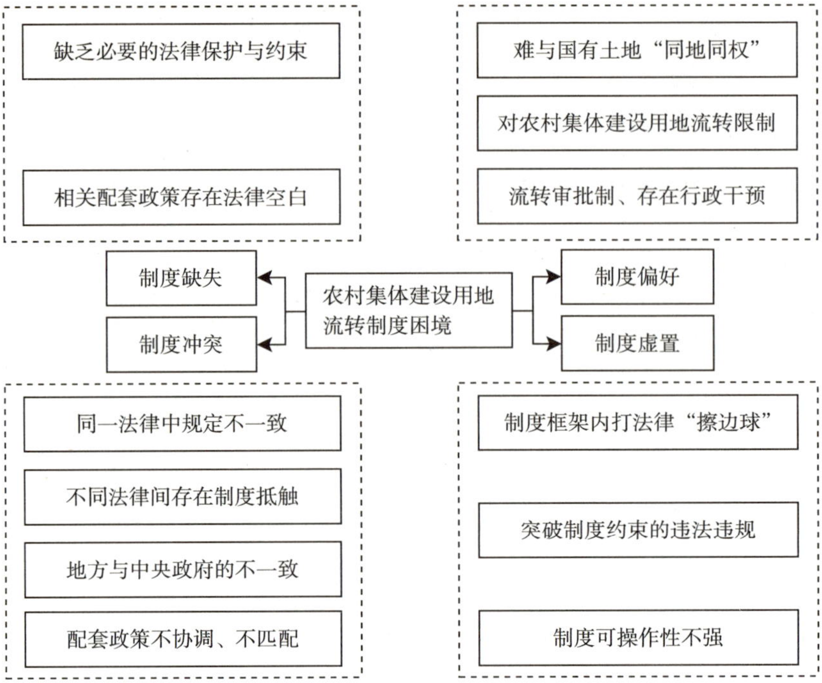

图 8-2　农村集体建设用地流转制度困境

1. 制度缺失

从近些年的中央政策文件看（见表 8-5），十八届三中全会之前，国家对农村集体建设用地流转既有限制也有支持，但限制的文件明显多于支持的文件。中央政府在这一问题上的模糊态度，使得农村集体建设用地流转既没有形成支持流转的法律规范，也未构建起限制流转的管制体系，与国有土地（城市建设用地）相比存在着严重的制度缺失。虽然一些地方性法规的出台为农村集体建设用地流转开启了大门，但受地方政策文件的法律效力以及地方行政保护的影响，使得农村集体建设用地的隐形流转盛行，并衍生出许多违法违规行为。

表 8-5　农村集体建设用地流转相关政策文件梳理

序号	年份	文件名称	主要政策表述
1	2004	2004 年中央一号文件	探索集体非农建设用地进入市场的途径和办法
2	2004	关于深化改革严格土地管理的规定	在符合规划的前提下，村庄、集镇、建制镇中的农民集体所有建设用地使用权可以依法转让
3	2008	十七届三中全会报告	对于农村存量集体建设用地的流转，只要合法合规，要与国有土地享有平等权益
4	2005	2005 年中央一号文件	加强集体建设用地和农村宅基地的管理
5	2007	国务院 71 号令	严控农村集体建设用地规模，严查“以租代征”违法行为
6	2008	2008 年中央一号文件	严格农村集体建设用地管理，严禁“以租代征”违法行为
7	2010	2010 年中央一号文件	严格管控城乡建设用地增减挂钩
8	2013	2013 年中央一号文件	农村集体非经营建设用地不得进入市场
9	2013	十八届三中全会报告	建立城乡统一的建设用地市场
10	2014	2014 年中央一号文件	在符合规划和用途管制的前提下，允许农村集体经营性建设用地出让、租赁、入股，实行与国有土地同等入市、同权同价

注：表中相关政策文件公布于中国政府网、新华闻等网站。

除了缺少具体的法律支持，农村集体建设用地流转的相关配套政策中也存在着法律空白。在征地制度上，《宪法》《土地管理法》规定国家在公共利益需要的前提下才可以征地，但相关法律并未对公共利益的界定作出相应的司法解释，也没有形成统一的土地征收法律条例；在土地用途管制上，管理体制不健全，管制主体错位，执法不严；与农村建设用地流转相关的土地测绘规划、确权颁证、税费监管、交易服务市场构建、社会保障等相关工作或多或少都还存在着一些问题，配套政策体系仍处在探索、优化阶段。

2. 制度偏好

农村集体建设用地流转中的制度偏好是指政府在制度设计上存在着“城市偏好”，对农村的差别性管控，实行“歧视性”

政策。

首先，《宪法》《民法通则》中都强调国有土地、农村集体土地使用权可以转让，但城市建设用地享有较为完整的处置权，对农村集体建设用地却实行严格的流转限制。在国家垄断了土地一级市场之后，集体建设用地被排除在市场之外。《物权法》中将建设用地使用权视为用益物权，但提出“集体所有的土地”按相关法律处理，将农村集体建设用地“歧视性”对待。

其次，农村集体建设用地与国有土地难以“同地同权”。除了使用权上平等，农村集体建设用地的抵押权也受到严格的限制。《物权法》也延续了《土地管理法》中对集体建设用地严控的规定。同时，国家对农民宅基地的管控更加严格，在执行“一户一宅”的基础上，不容许宅基地转让与抵押，农户对宅基地的处置权是不完整的。国家对农村集体建设用地实行管控的根本目的在于保护农业生产、保持农村稳定，但地方政府却借“保护”之名行“侵犯”之实，在农村市场化改革深入推进的今天，农民在这种“歧视性”管制下遭受到利益的侵害。最后，农村集体建设用地使用权的流转在符合用地管控、规划管制的前提下，仍要实行流转审批制，在建设用地的市场交易中仍然存在着行政干预。在这种制度设计下，地方政府出于“政绩”“土地财政”等考虑，都会产生权利“寻租”，在执行中形成政策偏好。如违背村民意愿强行推进流转、与工商资本勾结行政打压农村集体建设用地地价等行为。

3. 制度冲突

由于缺乏具体的农村集体建设用地流转法律，在实践中往往由于制度的不一致、不协调、不匹配导致了管理混乱。各种制度间的冲突与矛盾增加了农村集体建设用地流转的效率损耗。

同一法律中对农村集体建设用地流转的规定不一致。《土地管理法》在强调“土地使用权可以依法转让”的同时又对农民集体所有土地的使用权进行限制；《物权法》中也将农村集体建设用地区别对待；《宪法》《民法通则》都强调农村集体组织拥有集体土地的所有权，但与国有土地所有权下较完整的处置权相比，农村集体土地的处置权受到种种限制。

不同法律间存在着制度抵触。《宪法》《民法通则》《物权法》都承认集体建设用地使用权转让的合法性，而《土地管理法》中明文禁止。此外，一些行政性文件中对农村集体建设用地使用权的流转态度也不一致，上文的政策梳理中发现相关的政策文件中对集体建设用地的流转既有限制也有支持。

地方政府与国家在制度制定执行中存在着不一致。政府的法制建设已滞后于地方的实践。广东、安徽、江苏等地方性政策都鼓励农村集体建设用地使用权流转，一定程度上突破了国家在这一问题上的法律边界。国家规定只有农村集体及其成员才可以使用集体建设用地兴办企业，禁止集体建设用地向集体组织外的企业或个人流转，而广东省的文件规定中却容许这种行为，这与国家法律形成了矛盾。

与相应的配套政策体系不协调、不匹配。以农户宅基地使用权为例，国家对农户宅基地的流转实行严格禁止，规定只能“一户一宅”，不可抵押、转让。而在统筹城乡背景下，国家鼓励农户向城镇聚集，并容许农户在工作地落户。在农户最重要的资产—农宅不能流转的约束下，这种政策效率被大打折扣。此外，在农村集体建设用地的所有权主体定位上，《土地管理法》《物权法》规定村民小组可以作为农村土地的所有权主体，而《村民委员会组织法》中认为“村民小组无独立地位”，实践中村委会也是农村集体建设用地最重要的主体。

4. 制度虚置

农村集体建设用地流转中的制度虚置表现在两个方面：一是在制度框架内打法律“擦边球”。《土地管理法》规定集体经济成员可利用集体土地兴办企业，无须申请国有土地，但禁止农村集体建设用地使用权向集体组织之外的企业、个人转让。实践中，农村集体为规避法律对流转的限制，通过出租、合建、入股、联营的形式向集体成员之外的企业、个人转让农村集体建设用地使用权。国家规定农村实行“一户一宅”，但农民通过继承、分户、户口迁移等方式，在农村“一户多宅”的情况屡见不鲜。这些“貌似合法”的实践已经使制度在运行中变形，原有的制度形同虚设。二是突破了制度约束的违法违规行为。农村集体建设用地实行严格的用途管制、规划控制，实行审批制，《土地管理法》中对此有专门的规定。但在实践中，“未批先建”“少批多占”“私搭滥建”等行为已突破了农村集体建设用地管控的制度设计，属于严重违法违规。政府虽采取了行政干预、执法清理、经济管制、法律处置等手段进行“严防死堵”，但力度有限，在不健全的监管体系下，农村建设用地隐形流转的违法行为依然层现迭出。如国家明令禁止集体建设用地流转不能用于商品房开发与住宅建设，但该政策并没有被有效地贯彻执行，地方政府在执行中监管、处理不足以及相关利益主体“法不责众”的错误心理，导致了小产权房盛行，有些地方的小产权房比重甚至超过了商品房。

制度虚置深层次的原因在于：中央政府为了维持对农村集体建设用地流转的“歧视性”严控政策，需要付出高额的制度执行成本，在既定行政资源约束下，无法构建起健全的制度监管与制度执行体系。中央与基层的信息不对称，涉及基层利益的中央政策文件难以在基层有效执行。反观基层政府，在高额的违法违规收益下，其违法成本很低，也难以确定违法责任主体。制度设计不合理、可操作性不强、监管执行体系不健全，农村集体建设用地流转的制度设计出现制度虚置是必然的。

（三）未来发展研究

从未来新型城镇化战略实施的角度看，突破农村集体建设用地流转的制度困境，构建完善的制度保障体系应该分三个阶段实施。

1. 第一阶段

农村集体建设用地流转制度改革要着眼于：对不合时宜、存在着制度冲突的政策法律要“解弦更张”，通过修正、调整统一制度设计；对存在着制度缺失的政策领域要“拾遗补阙”，引导规范农村集体建设用地的隐形流转，将其纳入正规的法制监管之下。具体来讲。

（1）修订《土地管理法》中对农村集体建设用地流转的相关规定，明确与细化对农村集体建设用地用途管制、规划控制的具体举措，增加具体集体建设用地流转监管条文。在《物权法》中细化对农村集体建设用地使用权的法律规定。

（2）出台《农村集体建设用地管理办法》，明确农村集体建设用地的内涵，确定集体建设用地的产权结构，对农村集体建设用地流转的主体、类型、方式、程序等进行界定，明晰流转各环节的权责主体、法律责任与义务，制定严格的监管、处罚措施。

（3）对相关的配套政策进行优化与完善。完善国家土地征收的法律条例，构建和谐的农村集体土地流转收益分配机制，推进农村集体土地确权颁证。

（4）建立农村集体建设用地流转市场，形成公开、易操作、监管严格的农村集体建设用地交易程序。扶持规范土地评估规划、金融服务、保险服务等形式的流转中介服务机构的发展。

2. 第二阶段

在构建起农村集体建设用地流转的具体制度框架之后，要通过分类部署相关配套政策的改革，有序推进农村集体建设用地管理配套政策体系的构建。

（1）构建建设用地使用权的分类体系，明确公益性建设用地的类型与范围，对开发性建设用地按照国家土地用途管制的要求进一步细分为工业用地、商业用地、住宅用地等，对不同用途的土地实行标准化流程管理。

（2）在实践中探索农村集体建设用地垂直管理体系，对农村集体建设用地流转的登记发证、流转的审核、交易监管、违法清查等工作实行封闭管理，避免地方政府在流转中的行政干预。

（3）推进农村集体产权制度创新，明确农村集体建设用地的所有权主体及权能结构，形成与国有土地对等的产权结构。

（4）在其他相关农村制度改革中，对农村集体建设用地的管理进行动态调整。如在户籍制度改革中，对农民进城后宅基地的处置要有相应的安排。在农村经营体制改革中，要对农村集体建设用地这一集体资产的经营管理做出具体的规定。在农村金融体制改革中，集体建设用地融资平台的构建也应是一个需要考虑的问题。

3. 第三阶段

在农村集体建设用地流转的制度体系及其配套政策体系构建完善之后，要对城乡分割的建设用地市场进行深化整合，在已有的政策体系之下重构城乡统一的建设用地管理运行机制。这项系统性工程除了在土地政策的框架内进行大调整，还涉及深层次的体制问题，如城乡统筹、全面的市场经济体制改革、法制体系健全、行政管理体制改革、所有制结构改革等，既需要国家层面前瞻性的顶层设计，也需要各项制度改革的逐步积淀。

第九章
结论与展望

在新型城镇化发展道路上，通过农村集体产权制度创新推进城乡一体化发展已成为从中央到地方的一种共识。如何有效地推进农村集体产权制度创新发展、如何保证制度创新中政府与农户的效益共增、如何引导农村集体产权制度创新进入一条良性发展路径、如何构建一套中国特色的农村集体产权制度创新政策体系就需要我们对农村集体产权制度创新有一个系统而规范的认识。基于此，本章将在前文对农村集体产权制度创新的发生动因、创新过程、影响因素、制度绩效、未来创新路径等研究的基础上，构建一个农村集体产权制度创新的逻辑体系，得出本书的总体结论，并根据这种分析与经验总结提出推进农村集体产权制度创新的政策建议。最后结合本书的研究边界对未来农村集体产权制度的研究做一展望。

第一节 研究结论

本书综合应用制度经济学理论、产权理论、经济增长理论、博弈论、计量经济学方法等相关理论，借助农村集体产权制度改革的案例进行实证分析，对农村集体产权制度的变迁动因、变革进程、演化约束、改革绩效及创新发展进行了深入的研究，勾勒出农村集体产权制度创新过程的框架流程，并得出以下研究结论：

（1）界定了农村集体产权及集体产权制度的内涵与外延。将集体产权定义为：在一定的社区边界内，一定环境约束下，由集体成员联合组成的决策组织，按一定的制度规范对共有资产配置中形成的各项权利的集合。将农村集体产权制度定义为：农村社会中，对一定财产享有产权权利的集体组织或财产所有者，为实现集体财产的有效组合、调节、保护、经营，做出的产权安排与产权规则以及围绕这种产权关系设置的一系列制度准则。

（2）通过对农村集体产权演变历史的梳理，发现农村集体产权制度演变是一个动态调整的过程，在其构建、强化、变革、创新的四个阶段，每一时期的集体与集体产权制度都有着独特的形式与结构。对这种历史演变的总结更进一步得出：中国的国情决定了农村集体产权制度存在的客观必然，国家、集体、农民多方博弈构成了农村集体产权制度演进的基础，制度变迁由强制性向诱致性转变是农村集体产权制度创新的趋势，集体成员的权利不断增强是当前农村集体产权制度创新的特质。从未来发展的角度看，城市化工业化的快速发展、破解“三农”难题、深化农村市场改革、提升制度在经济增长中的功效等任务都需要进一步推进农村集体产权制度创新。

（3）要素相对价格变动影响到外部潜在利润与改变了制度变迁成本，当制度变迁的外部潜在收益超过了制度变迁成本时，新的制度安排就会出现。在农村集体产权制度创新的过程中，无论其制度变迁形式是政府推动、市场诱致或是两者兼有，要素相对价格是其前提动因。对中国农村集体产权制度的三个阶段变迁过程的分析，证实要素相对价格的变动是推进农村集体产权制度创新的原动力。通过北京市近 10 年农村集体产权制度创新的区县面板数据的实证研究，发现土地和劳动力要素相对价格的变动与农村集体产权改革完成度显著正相关，要素相对价格的变动在推进当前农村集体产权制度创新中发挥了重要作用。此外，在集体产权制度演进中，农村集体产权制度创新表现为一种由政府强制向市场诱发的趋势，而这种趋势与中国的价格管制放松的趋势是相吻合的，这说明当要素价格更多受政府管控出现价格扭曲时，政府产生巨大的制度创新需求，使得其更愿意用行政推动制度变迁。当要素价格由市场决定时，个体、企业等微观经济主体对制度创新的需求更旺盛，制度创新更多地表现为自下而上的市场诱致性。

（4）农村集体产权制度的演进是一个不完全信息下动态博弈的均衡过程。将农村集体产权制度的变迁进程通过贝叶斯均衡模型分析，发现农村集体产权制度创新是政府与不同类别的集体成员的博弈；集体成员的个人行为决策能力越强，其与政府就产权制度创新的博弈越频繁；博弈行为主体的一致性支持是农村集体产权制度实现均衡的前提保证；集体成员对改革的呼声越高，政府越倾向于改革；在农村集体产权制度创新的博弈均衡下，政府与集体成员的福利都会增进。从历史发展的角度看，农村集体产权制度创新的动态博弈焦点是随着经济社会发展环境而改变的，不同时期这种制度创新的权利博弈焦点是不同的。当前农村集体产权制度创新过程中，权利博弈的焦点已由之前的政府与农户间博弈占主导，转变为不同类别集体成员间的博弈占主导。

（5）农村集体产权制度创新中，影响农户满意度的影响因素可分为集体特征、个人禀赋特征、农户参与度、程序性特征四大类。在北京市农村集体产权制度创新的影响因素实证分析中发现，农户的收入水平、土地承包制度、村务公开以及改革过程中的程序公正透明与农户的改革满意度具有显著相关性。农户收入水平越高，村务公开力度越大，改革程序越透明公正，农户对改革的满意度评价越高。在农地未完全承包到户的背景下开展股份合作制改革，农户对改革的拥护度越高。

（6）农村集体产权制度改革导致农村市场经济环境发生变化，资源的市场有效配置、交易费用的降低、产权的有效保护有助于区域经济的发展，资源的市场配置、产权的有效保护、程序的公正和资产的收益预期有助于提高农民收入、推进城镇化的进程；农村集体产权制度改革完成情况与农民收入增加、区域经济发展、城市化推进具有较强的正相关，其中对农民收入增长的影响最显著。农村集体产权制度创新对农民收入增长的影响直接且显著，对区域经济发展和城市化率提高的影响是间接的，且随着制度创新的不断完善，这种影响会更加显著。

（7）农村集体产权制度创新边界受到由市场经济环境、社会政治环境、要素禀赋环境构成的制度环境的限制，不同的农村处在不同的制度环境中，对应着不同的制度创新路径。对于东部沿海地区、大城市周边地区农村，其未来集体产权制度创新的重点在于确权与集体经济的发展。对于资源富集型的农村地区，其重点在于确利。对于中西部经济欠发达地区的农村，其重点在于土地产权制度的创新。对于中西部地区的城市周边地区农村，其重点在于成员权的界定与股份合作制改革。对于经济欠发达的中部、东部地区农村，其重点在于扩展集体产权结构。

（8）农村股份合作制改革与农村集体建设用地制度创新是当前农村集体产权制度改革的重要内容。农村股份合作制改革虽然取得了巨大的成效，但仍面临着集体资产经营困境，改革后村庄治理、产权制度仍不完善，农村股份合作社运行效率较低等问题的制约，股份合作社经营管理引入总经理负责制、完善股份合作制下的股权设置和改革后的乡村治理机制是其未来农村集体产权制度改革与调整的主要路径。对于农村集体建设用地流转，其制度建设严重滞后于各地的发展实践，已陷入到一个制度困境之中。当前，农村集体建设用地流转面临的制度困境主要表现在制度缺失、制度偏好、制度冲突、制度虚置四个方面。构建完善的农村集体建设用地流转的制度保障体系可以分三个阶段：修正、调整统一制度设计，补充、完善现有的制度体系；优化与创新市场与政策环境，有序推进配套政策体系构建；深化整合城乡分割的建设用地市场，重构城乡统一的建设用地管理运行机制。

第二节 政策建议

通过上文的总结归纳，本书构建起一个农村集体产权制度创新的理论逻辑框架。对农村集体产权制度创新的理论分析是为了更好地推进实践的发展，得出更有效、更可行的政策建议。在前文的实践分析中发现，如何有效地推进农村集体产权制度创新发展、如何保证制度创新中政府与农户的效益共增、如何引导农村集体产权制度创新进入一条良性发展路径、如何构建一套中国特色的农村集体产权制度创新政策体系是当前农村集体产权制度创新面临的最紧迫的问题。基于此，本部分将围绕这些问题结合对农村集体产权制度创新的理论分析与经验总结提出如下政策建议。

一、规范对农村集体产权的认知，加强对农村集体产权制度创新的宣传与引导

在理论研究上，农村集体产权是中国特有的一种产权形式，西方主流经济学对此研究较少。因此要加强对农村集体产权的理论研究，结合当前农村改革的新形势、新环境形成具有中国特色的农村集体产权制度创新理论。在实践层面，十八届三中全会提出要建立现代产权制度，构建和完善农村集体产权

制度是其中的一个重点，但当前农村集体产权制度的理解还较为含糊，相关政策文件中对此的表述也不一致，农村改革实践中也没有规范而系统的解释，深化农村改革中急需加强对农村集体产权制度创新的宣传与引导，具体可从五个方面着手：

第一，政府应该尽快形成一个农村集体产权的共识，从内涵到外延上明确什么是农村集体产权、包含哪些具体的实现形式、在其范围边界内有哪些制度形式，使各方都能简单清晰地理解这个概念。

第二，中央政府应该将农村集体产权制度创新作为农村改革、三农工作的一个重点，将农地制度、农村合作社、农村集体经营、现代农业等相关问题都整合到农村集体产权制度创新中，从这个较为宏观的层面去分类部署具体的三农工作，除了出台有针对性的政策文件加强对农村集体产权制度创新的政策引导，还应该在相关的政策文件中考虑到对农村集体产权制度创新的支持与协调。

第三，基层政府应该结合各地实际，加强对农村集体产权制度创新的宣传与引导。一方面，优化农村集体产权制度创新的政策环境，通过出台地方性法规，对农村集体产权制度创新给予保护与支持，并在政策法规的允许范围内鼓励农村的产权制度创新；另一方面，要在农村加强产权制度的宣传，提高农户的产权保护的意识，通过典型成功案例的宣传，激发农村自发进行产权制度创新的积极性。

第四，大力发展农村服务性组织，提高农村的组织化水平。农村产权制度创新需要农户自治性的组织结构支撑，通过发展农村服务性组织，既可以优化农村集体产权制度创新的软环境，又可以提高农户的组织化水平和市场化意识。

第五，扶持农村集体经济的发展，为农村集体产权制度创新奠定基础。前文研究表明，集体经济的发展是农村集体产权制度创新的前提与保障，政府应该大力推进农村集体经济的发展，通过合作社、农村集体经济组织等机构的运作确保集体资产的保值增值。

二、正确处理国家与农村集体的关系，大力发展农村集体经济组织

从根本上讲，现行的“集体”是在国家的诱导与授权中建立起来的，不可避免地，集体的独立性受到了国家权力的制约。随着“农业支持国家工业化”向“工业反哺农业”的转变，国家权力已逐步退出对农村集体的控制，但在这个过程中，国家退出后农村集体经济组织的经营能力却没有提升，反而是地方乡镇政府、村委会“乘虚而入”权力入侵，架空了农村集体经济组织，导致了农村集体经济组织的“虚置”。只有尽快提升农村集体经济组织的能力，才能从根本上避免政府的“侵权”。因此，未来农村集体产权制度创新中，应该适当地“权力再入侵”，即国家权力再次干预农村集体经济组织的运行，但“入侵”的目的在于：一是扶持农村集体经济组织成为一个独立、完整的实体组织，具有完备、不受干扰的经营能力；二是防止地方政府、村委会对集体经济运行的干预，为集体经济组织创造良好的经营环境；三是在农村集体经济组织的市场经营中，给予更多的政策、法律、项目、资金等方面的支持，让其能在市场竞争中得到一定的“优待”，使其能尽快成

为有竞争力的市场经营主体。

基于上述分析，当前应该大力发展农村集体经济组织。一是编制《农村集体经济组织法》，对农村集体经济组织有明确的法律定义，划分农村集体经济组织的权利与义务，制定农村集体经济组织的运行章程等。二是分布推进在农村建立集体经济组织。在有条件的农村要形成独立的农村集体经济组织运行机构，避免与村委会的交织。对不具备单独设立机构的农村，也要制定集体经济组织运行章程，实行民主决策，并在乡镇一级设立相应的监管机构，避免村委会行政干预集体经济组织的运行。三是引导农村集体经济组织积极参与市场化经营。在明确集体经济组织的法人地位之后，鼓励、支持其参与农村经济开发及市场交易，并在项目支持上给予优先考虑。四是构建对农村集体经济组织的配套服务体系。农村集体经济组织是农村经营的主体，各种支农服务应该将集体经济组织作为一个重要的对接服务对象。

三、农村集体产权制度创新要坚持市场诱致为主导，杜绝盲目的行政干预

研究发现，要素相对价格变动是当前农村集体产权制度创新的重要原因。在北京市昌平区农村集体产权制度改革的案例研究中，昌平区改革的先决条件是土地要素非农化增值带来的集体收益增加、非农产业的快速发展带来非农就业转移、农户农业收入占收入比重下降。这种市场诱致性的制度变迁模式应该是未来农村集体产权制度创新的主要路径。因此，政府在推进农村集体产权制度创新的过程中，应该考虑三个问题：

首先，要坚持市场诱致的主导，尊重农村集体产权制度变迁的客观规律。政府应该完善要素价格的市场形成机制，使得生产要素价格变动与其在经济发展中的价值相吻合，保证农村集体产权制度创新的市场诱发机理可以顺利实现，坚决杜绝政府对农村要素价格的管制，避免出现农村要素价格的扭曲。

其次，政府应该综合考虑不同时期、不同地区要素价格的变化趋势，形成一个农村集体产权制度创新的路线图，分类引导与部署各地的农村集体产权制度创新工作，降低制度不均衡时的低效率损耗，减少制度创新的时滞。如对那些已高度城市化的农村社区要引导其做好向现代企业转型的工作，对那些正在城市化的农村地区要加强集体资产确权确利的制度创新引导，对那些集体经济较差的农村地区则应该以农地制度调整创新为重点。

最后，农村集体产权制度创新中，要避免盲目的行政干预。政府既要避免行政化的一刀切改革模式，以政府命令的形式强制推进不同地区农村进行统一的农村集体产权制度创新，又要在农村的基层制度创新中减少行政干预，以服务与引导为主，杜绝在农村集体产权制度创新中与民争利。

四、规范农村集体产权制度创新的改革程序，注重制度创新中的程序公正

农村集体产权制度创新涉及农村利益的调整，牵一发而动全身，而且农村社会稳定关系到国计民生，必须注重农村集体产权制度创新中的公平，规范改革程序，注重制度创新中的程序公正。政府在推进农村集体产权制度创新时，要特别注意以

下几个问题：

一是农村集体产权制度创新应是农村基层自发推动的，政府不能越俎代庖，强制推行政府设定的改革方案与制度创新路径。政府可以帮助制定改革指导方案、成立工作协调小组、承担对改革的引导与监督等方式开展服务工作。

二是要从农村实际情况出发，由集体成员共同协商制度改革方案，政府要避免一刀切的改革方式。农村经济环境千差万别，制度创新的方式也应因地制宜，只要不违法违规，政府对大多数集体成员都认可的改革方式应该支持与鼓励。

三是政府应更多地关注制度创新中的程序公平。农村集体产权制度创新中涉及到不同集体成员间的利益博弈，如村干部与普通农户间、不同宗族间、本地人与外来户间等，这种博弈力量上的差别容易导致制度创新中的相对不公平，最终有可能导致制度创新的低效率。在这个过程中，政府应该承担起调停人的角色，主动维护制度创新中的公平正义，在制度创新中帮助弱势集团维护自己的权益，对不合法合规的行为要严格清理，维护改革程序的公正与权威。

五、在农村集体产权制度创新中同步推进乡村治理的“政经分离”

农村集体产权制度创新中要同步完善乡村治理机制。实证结果显示，村务公开有助于提高农户改革满意度。而村务公开深层次的含义是实现农村的政经分离，村委会与农村集体经济组织能各司其职，保证各部门可以从各自职责分工的角度去实现职能绩效最优。股份合作制改革重建了农村集体经济组织，为政经分离创造了条件，但实际中改革后各部门交叉任职的现象非常普遍，很难保证政治职能与经济职能的完全分离。因此，要在有条件的农村逐步推进农村政经分离，完善乡村治理机制，实现完整意义上的村务公开。未来政府在推进农村集体产权制度创新中，一方面在乡村治理中稳定和强化村民自治，提升农户组织化水平，政府应该加强对村干部的培训，提升农村管理水平，有条件的地方探讨村干部工资由财政负担，减少村干部因工资福利等对集体经济的干扰；另一方面除了大力发展集体经济，强化集体经济组织的经营管理职能外，政府在引导集体经济组织向现代企业转型中尝试建立"准村民制"，即从外部引入先进管理、技术人才，赋予其"准村民"的身份，享受集体经济成员待遇，打破村干部政经交叉任职的窘境。同时，政府也应该对这些"准村民"的资格进行严格认定，通过上级政府推荐、村集体经济组织聘用、政府严格管理等渠道保证村集体资产经营中的安全性。

六、探索与发展农村集体产权新形式

在对农村集体产权历史变迁的分析中可以看到，农村集体产权一直都是残缺的，特别是在国家权力的入侵下，很难做到完全的权利排他。当前的农村集体产权制度创新中探索出将农村集体资产折股，以物化的股份为主体构建集体产权，在完善集体资产处置权、转让权、明晰所有权上提供了很好的思路。在未来，集体产权调整的重点应该集中在：一是进一步落实所有权主体；二是赋予集体成员更多的集体资产收益权与处置权（集体资产的转让权、抵押权等）；三是在"再集体化"的背景下，调整集体资产的占有权与使用权；四是加强在集体产权保护上的立法。

七、加快构建农村集体产权制度创新的政策支持体系

农村集体产权制度创新是一个长期而系统的过程，只有构建起完善的政策支持体系，才能引导改革向预期的方向前行，保证制度创新步入良性路径依赖之中。因此，要加快构建农村集体产权制度创新的政策支持体系，推动与引导未来农村集体产权制度创新发展之路。

一方面，以政策引导推进“农民职业化”，强化集体产权制度创新中农户的集体成员权的属性。健全农村的社保体系，解决改革后农户身份变化的后顾之忧。推进城乡户籍制度改革，引导农村劳动力的转移。完善农村土地产权制度，实现农业生产资料的市场资源配置。调整就业政策，消除农民进行非农产业的就业障碍。通过社保、户籍、土地、就业等制度的调整，加快推进传统农民的分业分工，消除千百年来强赋予“农民”上的等级身份，使传统农民真正成为特有的劳动生产要素，按照市场配置自由选取职业。

另一方面，健全农村集体产权制度的法律体系，保护农村集体产权制度创新前后农户的权益不受到侵害。主要包括：加快土地的确权颁证工作，按照《物权法》的规定完善农户的土地权益；出台具体的《集体土地征收条例》，修改完善《土地管理法》，加强对集体建设用地流转的法律法规补充修正工作；明确集体经济组织的法律地位，出台相应的管理法规，保证制

度创新中集体经济组织的权威；加强对农村集体经济发展的财政、金融支持，通过对集体经济发展的外部支持引导推动农村集体产权制度的诱致性变迁。

第三节 未来展望

农村集体产权制度创新涉及面广，政策性强，需要持续深入的研究，本书研究了农村集体产权制度创新的演进过程，分析了制度创新的动因、过程、影响因素、绩效等问题，重点关注这种制度创新本身的演化规律。但在如下几个方面还需要做深入的研究：

第一，农村集体产权制度创新是一种典型的集体行动，本书分析中虽有所涉及，但并不深入。对于农村集体产权制度创新中制度与个体经济行为集体行为的关系、集体行动中的个人理性是如何演变为集体理性以至于有效的制度设计、如何用组织费用的角度分析集体行动下的制度变迁等问题需要进一步深入的分析。

第二，本书并没有对制度演化进行深入分析。近些年，随着复杂系统理论、演化博弈理论等的发展，未来可进一步从制度演化的角度分析农村集体产权制度的创新。

第三，具体到农村集体产权制度的应用实践层面，本书对农村集体资产经营、乡村治理、农业产业化经营等相关的研究只是一笔带过，未作过多探讨。但从农村集体产权制度创新发展的角度来看，这些内容是制度创新之后更应该关注的实际问题，需要进行全面的研究。

第四，未来农村集体产权制度到底会走向何方？本书虽从政策应用的角度提出了未来不同地区农村的集体产权演变方向，但仍属于短期的政策分析。对于未来集体产权的演变，应该结合农业、农村技术路径图，考虑到中国整体政治、经济的发展趋势，综合把握统筹考虑。

参考文献

［1］奥施特洛姆．公共事物的治理之道［M］．上海：上海三联书店，2000.

［2］蔡立雄，何炼成．诱致性制度变迁与农村发展［J］．经济评论，2007（6）：60-65.

［3］曹昌伟．农村集体资产运营中的治理架构问题探讨［J］．现代经济探讨，2012（6）：76-79.

［4］曹利群．农村组织形态创新：现状与问题［J］．农业经济问题，2000（10）：12-16.

［5］曹正汗．产权的社会建构逻辑——从博弈论的观点评中国社会学家的产权研究［J］．社会学研究，2008（1）：200-246.

［6］陈东，赵丽风．新型农村合作医疗的农户满意度调查与检验［J］．农业技术经济，2012（10）：104-110.

［7］陈剑波．农地制度：所有权问题还是委托—代理问题［J］．经济研究，2006（7）：83-91.

［8］陈俊红，李红，周连第等．北京市山区沟域经济发展的探索与实践［J］．生态经济，2010（1）：33-38.

[9] 陈天宝. 中国农村集体产权制度创新研究 [D]. 中国农业大学博士学位论文，2005.

[10] 陈锡文，韩俊，赵阳等. 我国农村公共财政制度研究 [J]. 宏观经济研究，2005（5）：8-10.

[11] 陈锡文，赵阳，陈剑波等. 中国农村制度变迁 60 年 [M]. 北京：人民出版社，2009.

[12] 陈锡文. 当前农村形势中的若干重大问题 [R]. 北京：在中国农村政策研究中心成立七周年座谈会上的报告，2011-05-28.

[13] 陈锡文. 当前我国农村改革发展面临的几个重大问题 [J]. 农业经济问题，2013（1）：4-6.

[14] 陈锡文. 工业化、城镇化要为解决“三农”问题做出更大贡献 [J]. 经济研究，2011（10）：8-10.

[15] 陈锡文. 农村土地制度改革不能突破三条底线 [J]. 国土资源导刊，2013（12）：38-39.

[16] 陈锡文. 土地产权和用途管制须平衡 [J]. 中国合作经济，2014（2）：4-5.

[17] 陈锡文. 推动农村城乡一体化 [J]. 经济社会体制比较，2012（23）：28-31.

[18] 陈志新，江胜蓝. 城市化进程中农村集体产权制度改革 [M]. 北京：化学工业出版社，2010.

[19] 陈志新. 城中村集体产权制度改革的路径选择 [J]. 合作经济，2006（4）：48-50.

[20] 党国英. 可以不要集体经济，不可以不要集体产权 [N]. 南方农村报，2012-03-22.

［21］党国英. 论农村集体产权［J］. 中国农村观察，1998（4）：1-9.

［22］邓宏图，崔宝敏. 制度变迁中土地产权的性质与合约选择［J］. 管理世界，2008（6）：61-67.

［23］董景山. 农村股份合作改革之法律视角初论［J］. 上海财经大学学报，2010（5）：42-48.

［24］杜鹰. 我国的城镇化战略及相关政策研究［J］. 中国农村经济，2001（9）：4-9.

［25］范如国. 制度演化及其复杂性［M］. 北京：科学出版社，2011.

［26］方爱明，魏晓洁等. 城市化进程中农村集体经济产权制度变迁对策［J］. 农村经济，2012（5）：127-129.

［27］冯开文. 聚焦还是稳定——对今年农村土地制度创新的历史反思［J］. 中国农业大学学报（社会科学版），2013（2）：120-128.

［28］冯开文. 一场诱致性制度变迁——改革开放以来中国农村经济制度变迁的反观与思考［J］. 中国农村观察，1998（7）：70-72.

［29］傅晨. 论农村社区型股份合作制制度变迁的根源［J］. 中国农村观察，1999（2）：1-8.

［30］傅晨. 农村社区型股份合作制产权制度的演进与困扰［J］. 学海，2006（3）：40-44.

［31］傅晨. 社区型农村股份合作制产权制度研究［J］. 改革，2001（5）：26-29.

［32］傅晨. 我国农村社区合作经济组织的产权制度安排

[J]. 农村经营管理，2008（11）：22-27.

[33] 傅夏仙. 股份合作制：理论、实践及其适宜领域——基于浙江案例的新制度经济学视角分析 [D]. 浙江大学博士学位论文，2003.

[34] 高飞. 集体土地所有权主体制度运行状况的实证分析 [J]. 中国农村观察，2008（6）：35-42.

[35] 高圣平，刘守英. 集体建设用地进入市场：现实与法律困境 [J]. 管理世界，2007（3）：62-72.

[36] 关成华. 关于农村集体经济产权制度改革的实践与思考 [J]. 前线，2009（2）：47-49.

[37] 郭强. 要素相对价格变动与制度变迁 [J]. 农村经济，2014（1）：87-90.

[38] 郭强. 中国农村集体产权制度的形成、演变与发展展望 [J]. 现代经济探讨，2014（4）：38-42.

[39] 郭晓鸣. 中国农村土地制度改革：需求、困境与发展态势 [J]. 中国农村经济，2001（4）：4-8.

[40] 国鲁来. 农村集体经营制度的演进轨迹与发展评价 [J]. 改革，2013（2）：24-29.

[41] 国务院发展研究中心农村中心经济研究部. 城镇化与城乡一体化背景下农村集体产权制度重构 [R]. 北京：国务院发展研究中心，2013.

[42] 何得桂. 集体林权改革的影响界定：陕西 84 个村样本 [J]. 产业经济，2012（6）：37-41.

[43] 何精华，岳海鹰，杨瑞梅等. 农村公共服务满意度及其差距的实证分析 [J]. 中国行政管理，2006（5）：51-53.

[44] 何一鸣. 产权管制放松理论 [M]. 北京：中国经济出版社，2010.

[45] 何一鸣. 岭南模式研究：一个制度关联性博弈的理论视角 [J]. 南方经济，2008（9）：4-27.

[46] 何泽中. 中国农村村民自治研究 [D]. 武汉大学博士学位论文，2001.

[47] 洪名勇. 中国农地产权制度变迁：一个马克思的分析模型 [J]. 经济学家，2012 （7）：71-77.

[48] 胡卓红. 农民专业合作社发展实证研究 [M]. 杭州：浙江大学出版社，2009.

[49] 黄庆杰，王新. 农村集体建设用地流转的现状、问题与对策 [J]. 中国农村经济，2007（1）：58-64.

[50] 黄少安. 制度变迁主体角色转换假说及其对中国制度变革的解释 [J]. 经济研究，1999（1）：66-72.

[51] 黄韬. 和谐产权关系与农村集体产权制度分析 [J]. 经济社会体制比较，2007（2）：82-87.

[52] 冀县卿，钱忠好. 农地产权结构变迁与中国农业增长 [J]. 管理世界，2010 （11）：68-75.

[53] 江华，杨秀琴. 农村集体建设用地流转——制度变迁与绩效评价 [M]. 北京：中国经济出版社，2011.

[54] 蒋承，刘云然. 公共财政、农村股份合作与城乡一体化 [J]. 中央财经大学学报，2011（3）：1-5.

[55] 焦必方，孙彬彬. 农户参与分享土地市场化收益的研究 [J]. 社会科学，2010（6）：53-60.

[56] 解安. 农村土地股份合作制生成机理分析 [J]. 生产

力研究，2002（6）：98–100.

［57］科斯，阿尔钦，诺斯等. 财产权利与制度变迁［M］. 上海：上海三联书店，2005.

［58］孔泾源. 农村股份合作经济及其制度剖析［J］. 经济研究，1995（3）：40–44.

［59］孔祥智，涂圣伟. 新农村建设中农户对公共物品的需求偏好及影响因素研究［J］. 农业经济问题，2006（10）：21–27.

［60］孔有利，刘华周. 农村社区股份经济合作社产权分析［J］. 中国农学通报，2010（26）：420–426.

［61］孔有利. 农村城镇化过程中农村集体经济组织产权制度变迁——对无锡市农村集体经济组织产权制度变迁的剖析［D］. 南京农业大学博士学位论文，2004.

［62］李怀，赵万里. 制度设计应遵循的原则和基本要求［J］. 经济学家，2010（4）：54–60.

［63］李军林. 策略互动与产权界定［J］. 经济学季刊，2003（7）：923–946.

［64］李俊英. 北京郊区村级集体经济制度创新研究［D］. 中国农业科学院博士学位论文，2005.

［65］李燕凌，曾福生. 农村公共品供给农民满意度及其影响因素分析［J］. 数量经济技术经济研究，2008（8）：3–18.

［66］厉以宁. 转型发展理论［M］. 北京：同心出版社，1996.

［67］梁亚荣. 集体建设用地使用制度的异化与重构［J］. 法学杂志，2013（6）：59–65.

［68］林毅，何代欣. 经济制度变迁对中国经济增长的影响

[J]. 财经问题研究，2012（9）：11-17.

[69] 林毅夫，蔡昉，李周等. 中国的奇迹——发展战略与经济改革 [M]. 上海：上海人民出版社，1994.

[70] 刘芳，郭忠兴. 社区型土地股份合作制的制度经济学解析 [J]. 农村经济，2006，6：21-24.

[71] 刘金海. 集体产权变革中的国家、集体与农民 [D]. 华中师范大学博士学位论文，2003.

[72] 刘笑萍. 农村社区股份合作制制度创新路径分析 [J]. 农业经济问题，2005（9）：13-15.

[73] 卢现祥，朱巧玲. 新制度经济学 [M]. 北京：北京大学出版社，2007.

[74] 罗必良. 新制度经济学 [M]. 太原：山西经济出版社，2006.

[75] 吕萍，支晓娟. 集体建设用地流转影响效应及障碍因素分析 [J]. 农业经济问题，2008（2）：12-17.

[76] 梅银强. 城市化背景下农村股份合作制改革研究——以郑州市白庄村为例 [D]. 河南农业大学博士学位论文，2009.

[77] 潘劲. 中德农利合作社发展及所面临的问题 [J]. 中国农村经济，2000（4）：61-70.

[78] 钱忠好，曲福田. 农地股份合作制的制度经济解析 [J]. 管理世界，2006（8）：47-55.

[79] 钱忠好. 中国农村土地制度变迁和创新研究（Ⅲ）[M]. 北京：中国农业出版社，2010.

[80] 青木昌彦，奥野正宽. 经济体制的比较制度分析 [M]. 北京：中国发展出版社，1999：79-85.

［81］申静，王汉生. 集体产权在中国乡村生活中的实践逻辑［J］. 社会学研究，2005（1）：113-148.

［82］盛洪. 现代制度经济学［M］. 北京：中国发展出版社，2009.

［83］石大立，叶玉琴. 社区型农村股份合作组织存在的问题与改革方向探讨［J］. 南方经济，2005（4）：45-47.

［84］孙立平. 社会转型：发展社会学的新议题［J］. 社会学研究，2005（1）：1-24.

［85］孙中华，罗汉亚. 关于江苏省农村土地股份合作社发展情况的调研报告［J］. 农业经济问题，2010（8）：30-35.

［86］谭秋成. 集体农业解体和土地所有权重建［J］. 中国农村观察，2001（3）：48-54.

［87］谭芝灵. 回顾与反思中国农村股份合作制经济发展历程［J］. 理论探讨，2009（2）：89-92.

［88］万举. 公共产权、集体产权与中国转型经济［J］. 财经问题研究，2007（5）：77-82.

［89］王金营，黄乾. 中国各地区经济增长差异的制度变迁因素［J］. 财经科学，2004（5）：77-79.

［90］王小映. 土地股份合作制的经济学分析［J］. 中国农村观察，2003（6）：31-39.

［91］韦俊虹. 对农村股份合作制的多维思考［J］. 农村经济，2006（4）：20-22.

［92］温铁军，王平等. 农村改革中的财产制度变迁［J］. 中国农村经济，2008（10）：4-12.

［93］温铁军. 三农问题与制度变迁［M］. 北京：中国经济

出版社，2005.

［94］吴敬琏. 吴敬琏自选集［M］. 北京：学习出版社，2008.

［95］席艳玲，吉生保，王小艳等. 要素相对价格对产业结构调整的倒逼效应分析［J］. 财贸研究，2013（10）：18-24.

［96］晓亮. 股份合作制宜突出劳动合作原则［J］. 中国集体工业，1994（4）：31-39.

［97］徐旭初. 对农村社区股份合作制改革的几点思考［J］. 农村经营管理，2007（10）：18-22.

［98］徐元明. 社区股份合作：农村集体经济新的实现形式［J］. 中国集体经济，2005（4）：37-39.

［99］杨瑞龙. 论制度供给［J］. 经济研究，1993（8）：23-31.

［100］杨瑞龙. 我国制度变迁方式转换的三阶段论［J］. 经济研究，1998（1）：3-10.

［101］杨荫. 我国农业合作经济组织及其运行机制研究［D］. 南昌大学博士学位论文，2007.

［102］应瑞遥，沈亚芳. 苏南地区农村社区股份合作制改革探析［J］. 现代经济探讨，2004（2）：56-58.

［103］于建嵘. 转型期中国乡村政治结构变迁［D］. 华中师范大学博士学位论文，2001.

［104］张宝华，何启生. 农村新型合作经济组织发展实务［M］. 北京：中国农业出版社，2005.

［105］张红宇. 农村土地使用制度变迁：阶段性、多样性与政策调整［M］. 北京：人民大学出版社，2002.

［106］张维，胡继连. 农村林业产权制度改革研究［J］. 林业经济问题，2003（4）：73-77.

［107］张晓山，苑鹏. 农村股份合作企业产权制度研究［J］. 中国社会科学，1998（2）：15-19.

［108］张笑寒，张瑛. 效率与公平视角下的农村土地股份合作制绩效分析［J］. 农村经济，2009（1）：20-23.

［109］张秀娟，胡雪梅. 日本农协的发展新趋势［J］. 经济纵横，2001（1）：54-58.

［110］张宇，欧名豪. 城市建设用地供应制度困境研究［J］. 现代经济探讨，2012（8）：34-37.

［111］张忠根，吴海江. 集体经济发展水平与收入结构［J］. 改革，2013（3）：56-61.

［112］赵继新. 中国农民合作经济组织发展研究［D］. 中国农业大学，2009.

［113］赵淑华. 农村产权主体制度再设计［J］. 哈尔滨工业大学学报，2005（7）：48-52.

［114］赵维清. 浙江省农村社区股份合作制改革的特点、模式及趋势分析［J］. 华中农业大学学报，2008（4）：25-29.

［115］赵阳，王宾，王明昊等. 农民对土地承包与流转的看法和意愿调查报告［J］. 调研世界，2006（12）：32-33.

［116］赵阳. 城镇化背景下的农地产权制度及相关问题［J］. 经济社会体制比较，2011（2）：20-25.

［117］赵阳. 城镇化与土地制度改革［J］. 中国改革，2010（12）：1-6.

［118］赵阳. 对农地再分配制度的重新认识［J］. 中国农村观察，2004（4）：22-29.

［119］赵阳. 共有与私用——中国农地产权制度的经济学

分析 [M]. 北京：生活·读书·新知三联书店，2007.

[120] 赵阳. 积极稳妥推进城镇化　大力促进县域经济发展 [J]. 农村金融研究，2010 (11)：5-10.

[121] 赵阳. 农村税费改革：包干到户以来又一重大制度创新 [J]. 中国农村经济，2001 (6)：45-51.

[122] 折晓叶，陈婴婴. 产权怎样界定——一份集体产权私化的社会文本 [J]. 社会学研究，2005 (4)：1-43.

[123] 郑杭生. 改革开放三十年：社会发展理论和社会转型理论 [J]. 中国社会科学，2009 (2)：10-19.

[124] 周春平. 苏南模式与温州模式的产权比较 [J]. 中国农村经济，2002 (8)：39-46.

[125] 周加来. 城市化·城镇化·农村城市化·城乡一体化——城市化概念辩析 [J]. 中国农村经济，2001 (5)：40-44.

[126] 周敏. 土地入股合作社的综合绩效评价 [J]. 农村经济，2013 (7)：78-81.

[127] 周其仁. 产权与制度变迁——中国改革的研究经验 [M]. 北京：社会科学文献出版社，2002.

[128] 周其仁. 农地产权与征地制度——中国城市化面临的重大选择 [J]. 经济学（季刊），2004，4 (1)：193-210.

[129] 周晓东. 农村集体经济组织形式研究 [M]. 北京：知识产权出版社，2011.

[130] 朱守银，张照新. 南海农村股份合作制改革试验研究 [J]. 中国农村经济，2000 (6)：54-59.

[131] Adams H C. Relation of the State to Industrial Action [J]. Publications of the American Economic Association，1887，6

(6): 7–35.

[132] Aghion P and Howitt P. Research and Development in the Growth Process [J]. Journal of Economic Growth, 1996, 1 (1): 49–73.

[133] Alchian A and Demsetz H. The Property Rights Paradigm [J]. Journal of Economic History, 1973, 33 (4): 16–20.

[134] Alchian A. Some Economics of Property Rights [J]. Political, 1965, 30 (10): 816–829.

[135] Barzel Y. A Theory of the State [M]. Cambridge: Cambridge University Press, 2002.

[136] Barzel Y. Economic Analysis of Property Rights [M]. Cambridge University Press, 1989.

[137] Baumol W. Contestable Markets: An Uprising in the Theory of Industry [J]. American Economic Review, 1982, 72 (1): 1–15.

[138] Becker G. A Theory of Competition among Pressure Groups for Political Influence [J]. Quarterly Journal of Economics, 1983, 98 (6): 371–400.

[139] Billig M. Institutions and Culture: Neo –Weberian Economic Anthropology [J]. Journal of Economic Issues, 2000, 34 (5): 771–788.

[140] Bottomley A. The Effect of Common Ownership upon Resource Allocation in Tripolitania[J]. Land Economics, 1963, 18 (2): 21–45.

[141] Bradley M and Clerk G. Supervision and Efficiency in

Socialized Agriculture [J]. Soviet Studies, 1972, 23 (7): 465-473.

[142] Buchanan and Tullock. The Calculus of Consent [M]. Ann Arbor: The University of Michigan Press, 1262.

[143] Demsetz H. Toward a Theory of Property Rights [J]. American Economic Review, 1967, 57 (2): 347-359.

[144] Demsetz H. Ownership, Control, and the Firm [M]. Basil Blackwell Inc., 1988.

[145] Demurger S. Infrastructure Development and Economic Growth: An Explanation for Regional Disparttie s in China [J]. Journal of Comparative Economics, 2001, 29 (4): 95-117.

[146] Diewert W E. Fisher Ideal Output, input and Productivity Indexes Revisited [J]. Journal of Productivity Analysis, 1992, 3 (3): 211-248.

[147] Dong and Dow. Does Free Exit Reduce Shirking in Production Team? [J]. Journal of Comparative Economic, 1993 (17): 472-484.

[148] Enke S. Consumer Cooperatives and Economic Efficiency [J]. American Economic Review, 2001, 35 (1): 148-155.

[149] Fisher F M and Shell K. The Economic Theory of Price Indexes [M]. New York: Academic Press, 1972.

[150] Fogel R. Railroads and American Economic Growth: Essays in Econometric History [M]. Baltimore: Johns Hopkins University Press, 1964.

[151] Gordon H. The Economic Theory of a Common-Property

Resource: The Fishery [J]. Journal of Political Economy, August, 1954.

[152] Green M and Nader R. Economic Regulation. Competition: Uncle Sam the Monopoly Man [J]. Yale Law Journal, 1973, 82 (4): 871-889.

[153] Grief A. Institutions: Theory and History [M]. Cambridge University Press, 2006.

[154] Hayek F. The Fatal Conceit: The Errors of Socialism [M]. Chicago: The University of Chicago Press, 1988.

[155] Joskow P L and Schmalensee R. Markets for Power: An Analysis of Electrical Unility Deregulation [M]. Cambridge MA: MIT Press, 1983.

[156] Knight F. Some Fallacies in the Interpretation of Social Cost [J]. Quarterly Journal of Economics, 1924 (38): 582-606.

[157] Lakatos I. Criticism and the Growth of Knowledge [M]. New York: Cambridge University Press, 1970.

[158] Lin J. Rural Reforms and Agricultural Growth in China [J]. American Economic Review, 1992, 82 (6): 34-51.

[159] Lucas R E. On the Mechanics of Economic Development [J]. Journal of Monetary Economics, 1990, 22 (7): 3-42.

[160] Marshall A. Principles of Economics [M]. London: Macmillan, 1890.

[161] Moorhouse J C. Electric Power: Deregulation and the Public Interest [M]. San Francisco: Pacific Research Institute, 1986.

[162] North D. Understanding the Process of Economic Change [M]. Princeton: Princeton University Press, 2005.

[163] Ostrom E. Governing the Commons [M]. Cambridge University Press, 1990.

[164] Posner R A. Natural Monopoly and Its Regulation [J]. Stanford Law Review, 1969, 21 (2): 548-643.

[165] Schultz T. Institutions and the Rising Economic Value of Man [J]. American Economic Review, 1968, 50 (8): 1113-1122.

[166] Stigler G. The Theory of Economic Regulation [J]. The Bell Journal of Economics and Management Science, 1971, 2 (2): 13-21.

[167] Tolchin S and Tolchin M. Dismantling America: The Rush to Deregulate [M]. New York: Oxford University Press, 1983.

[168] Vernon and Harrington. Economics of Regulation and Antirust [M]. Cambridge, Mass: MIT Press, 2000.

[169] Weiss L W and Klass M W. Case Studies in Regulation: Revolution and Reform [M]. Boston: Little, Brown, 1981.

[170] Williamson O. Antitrust Economics: Mergers, Contracting and Strategic Behavior [M]. Basil Blackwell, 1987.